做人不要太計較 晚上才會睡好覺

No Muss No Fuss

生活必須不斷地清點，看忙碌中，
哪些是重要的，是必要的，哪些是不重要的，或是無須勞神去忙的。

然後，果斷地將那些無益的事情拋棄，不去理它。

人生的法則是，少一點計較，多一點快樂。

成長階梯：55

做人不要太計較，晚上才會睡好覺

編　　著　羅奕軒
出 版 者　大拓文化事業有限公司
執行編輯　廖美秀
美術編輯　蕭佩玲

總 經 銷　永續圖書有限公司
劃撥帳號　18669219
地　　址　22103 新北市汐止區大同路三段一百九十四號九樓之一
TEL　（〇二）八六四七—三六六三
FAX　（〇二）八六四七—三六六〇
E-mail　yungjiuh@ms45.hinet.net
網　　址　www.foreverbooks.com.tw

CVS代理　美璟文化有限公司
TEL　（〇二）二七二三—九九六八
FAX　（〇二）二七二三—九六六八

法律顧問　方圓法律事務所　涂成樞律師

出 版 日◇二〇一三年十一月

國家圖書館出版品預行編目資料

做人不要太計較，晚上才會睡好覺 / 羅奕軒 編著.
-- 初版. -- 新北市 : 大拓文化, 民102.11
面 ;　公分. -- (成長階梯系列 ; 55)
ISBN 978-986-5886-45-5(平裝)
1.修身 2.生活指導

192.1　　102018718

執著就像一個魔咒，令人心生掛念，不能自拔，
最後常令人不得其果，操勞心神，
反而迷失了對人生、對自身的真正認識。

彎曲，是一種人生智慧，在生命不堪重負之時，
適時適度地低一下頭，彎一下腰，抖落多餘的負擔，
才能夠走出屋簷而步入華堂，避開逼仄而邁向遼闊。

人們要學會經營和管理自己的心靈花園，
因為想要造就一座什麼樣的花園，選擇權在於你自己。

PART 1

找尋屬於自己的人生——放下執著，進退自如

「雲在青天水在瓶」，唐人李翱因這句話而瞬間了悟，他悟出的其實就是關於人生的一個真諦——順其自然。現代人的心總是執著於各種欲望，不想擺脫，其實何必如此執著，何不就此放下，給心靈一些空間，去感受從草原吹來的風，去感受陽光雨露，你的心會獲得一種大自在。

PART 2

悅納他人就是善待自己——放下成見，大度包容

人，如果沒有寬廣的胸懷，就無法成就輝煌事業。包容不是膽怯，不是妥協，它和放棄一樣，是另一種明智和勇敢。擁有寬廣的胸懷，對他人包容，對自己包容才能高瞻遠矚，才能贏得更為廣闊的天地。

PART 3

事來則心始現，事去而心隨空——放下芥蒂，人際長青

哲人說，沒有寬容就沒有友誼，沒有理解就沒有朋友。寬容和理解是一種力量，是朋友之間的橋樑和陽光。每個人都像一本書，讀別人，其實也是在讀自己。讀真、讀善、讀美的同時，也讀真誠背後的偽善，美麗背後的醜惡，微笑背後的狡詐……

讓我們以寬容理解的心去讀懂他人、讀懂自己，我們才能和他人和睦共處，我們的人際之樹也才能長青。

PART 4

聞謗不辯，守得大愚是大智——

放下計較，糊塗是福

「水至清則無魚，人至察則無徒。」一人能明察是非、分清善惡，當然好，但過分明察秋毫，對別人太過苛刻，就變成對人求全責備的嚴苛挑剔，就不能容人了。所以為人處世，有時候要學會睜一隻眼閉一隻眼，正如孔子所說的「夫我則不暇」，這也是糊塗處世的要訣之一。

PART 1

找尋屬於自己的人生——
放下執著，進退自如

「雲在青天水在瓶」，唐人李翱因這句話而瞬間了悟，
他悟出的其實就是關於人生的一個真諦——順其自然。
現代人的心總是執著於各種欲望，不想擺脫，
其實何必如此執著，何不就此放下，給心靈一些空間，
去感受從草原吹來的風，去感受陽光雨露，
你的心會獲得一種大自在。

人生不必太執著

菩提本非樹，明鏡亦非台，本來無一物，何處惹塵埃？

古語云：「夫物芸芸，各復歸其根，歸根曰靜，是謂覆命。」即萬物紛雜生存，又各自返回它們的本原，返歸本原稱為「靜」，叫復歸本性。

宇宙生命的來源，本來就是清虛的。

「覆命曰常，知常曰明。」「常」並不全等於永恆，一個人不知常，就要從自己的生命中回過頭來找尋。

既然一切皆為虛清，我們又何必對任何事情都抓得很牢，執著而不肯放手呢？

有兩個不如意的年輕人，一起去拜訪一位禪師：「師父，我們在辦公室被欺負，太痛苦了，求您開示，我們是不是該辭掉工作？」兩個人一起問。

禪師閉著眼睛，隔半天，吐出五個字：「不過一碗飯。」就揮揮手，示意年輕人退下了。

回到公司，一個人遞上辭呈，回家種田，另一個卻沒動。

日子真快，轉眼十年過去。回家種田的，以現代化經營，加上品種改良，居然成了農業專家。另一個留在公司裡的，也不差，他忍著氣、努力學，漸漸受到器重，後來成為經理。

有一天兩個人相遇了。

「奇怪！師父給我們同樣『不過一碗飯』這五個字，我一聽就懂了，不過一碗飯嘛！日子有什麼難過？何必硬巴著公司？所以辭職。」

農業專家問另一個人：「你當時為什麼沒聽師父的話呢？」

「我聽了啊！」經理笑道：「師父說『不過一碗飯』，多受氣、多受累，我只要想『不過為了混碗飯吃』，老闆說什麼是什麼，少賭氣、少計較，就好了！師父不是這個意思嗎？」兩個人又去拜訪禪師，禪師已經很老了，仍然閉著眼睛，隔半天，答了五個字：「不過一念間。」

放下執著，進退自如

對於我們每個人來說，沒有一樣東西是可以完完全全、實實在在抓住的，無論是物，還是人。因此不必斤斤計較，刻意追逐。

有人曾問過南懷瑾先生這樣一個問題：「怎樣學佈施才不會貪心贏利集財？」

南懷瑾先生精闢地回答：「地球都是你的，為什麼不佈施？」

對於不生不滅的生命本源，要掌控得住，要認識透徹，才能夠善始善終。「不知常，妄作凶」，人生若醉生夢死，碌碌無為，終將痛苦離去。想要盡力去抓住一切，往往什麼都抓不住。

敬賢禪師的弟子喜歡畫畫。在經過一段時間的苦練之後，他想畫出一幅人人見了都喜歡的畫。

畫完了，他拿到市場上去展出。畫旁放了一支筆，並附上說明：「每一位觀賞者，如果認為此畫有欠佳之筆，均可在畫中標上記號。」

晚上，小和尚取回了畫，發現整個畫面都塗滿了記號——沒有一筆一畫不被指責。

小和尚十分不快，對這次嘗試深感失望。

敬賢禪師讓他換一種方法去試試。小和尚又摹了一張同樣的畫，拿到市場展出。

可這一次，按照師父的建議，他要求每位觀賞者將其最為欣賞的妙筆都標上記號。當小和尚再取回畫時，他發現畫面又被塗遍了記號。一切曾被指責的筆劃，如今卻都換上了讚美的標記。

敬賢禪師問弟子：「透過這件事，我們可以悟出什麼？」

「師父！」小和尚不無感慨地說，「我覺得我發現了一個奧妙，那就是：我們不管做什麼，只要使一部分人滿意就夠了；因為，在有些人看來是醜惡的東西，在另一些人眼裡則恰恰是美好的。」

不必過於執著他人的眼光和看法，我們無論怎麼做都無法讓所有的人都滿意，這時索性讓自己滿意就行了。人生路有多條。何必將自己逼進死胡同呢？放下對外物的執著，才能讓自己進退自如。

常言道，天無絕人之路。上帝在關閉一扇門時，就會打開另一扇窗。在人

找尋屬於自己的人生——

放下執著，進退自如

生走到歧路或困境時，千萬不要絕望灰心。因為正有另一條大路向我們展開坦途。人生有無數條路，條條大路通羅馬。

一條路走不通，何不換一條路來走？菩提本非樹，明鏡亦非台，本來無一物，何處惹塵埃？人生有時不必過於執著，如莊子所言，像嬰兒一樣，若有若無地自在把握，反而能夠將幸福抓住。

握得越緊，越容易流失

人生往往就是這樣，抓得越緊，就越容易流失。

佛家的《菩提心論》裡曾經對「執著」做過這樣的解釋：那是一種對自我的過分堅持。

關於這個問題，《莊子・大宗師》中也曾經說過：「夫藏舟於壑，藏山於澤，謂之固矣。然而夜半有力者負之而走，昧者不知也。」

南懷瑾先生解釋說，這裡的「藏」字，只能借用一個名稱來講，就是佛學中所說的執著，抓得很牢。一個人對生命之中的一切，都想把握得很牢，其實生命永遠都不會讓我們完全把握的。所謂要想將人生牢牢把握，就是這裡所說的「藏舟於壑，藏山於澤」，把船藏在山谷裡面，把山藏在海洋裡面。

如此隱藏，在普通人看來，的確十分牢固。人們往往不知道，雖然我們認為藏得很好，但是有個大力士，半夜三更不知不覺地把山和海都背走了。

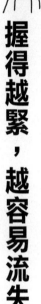

南先生認為，中國古籍中的「天圓地方」，是指地有方位。曾子就講過地球是圓的，且一直在旋轉，所謂「天道左旋，地道右旋」的觀念，由來已久。這裡莊子是說，一般人不懂得，以為自己坐在地球上很穩當，實際上地球一直在轉動，彷彿山和海在夜裡悄悄被人搬走。人生往往就是這樣，抓得越緊，就越容易流失。

有一條河流從遙遠的高山上流下來，流過了很多個村莊與森林，最後它來到了一個沙漠。它想：「我已經越過了重重的障礙，這次應該也可以越過這個沙漠吧？」

當它決定越過這個沙漠的時候，卻發現河水漸漸消失在泥沙之中，它試了一次又一次，總是徒勞無功，於是，它灰心了：「也許這就是我的命運了，我永遠也到不了傳說中那個浩瀚的大海。」它頹廢地自言自語。

這時候，四周響起了一陣低沉的聲音：「如果微風可以跨越沙漠，那麼河流也可以。」原來這是沙漠發出的聲音。

小河流很不服氣地回答說：「那是因為微風可以飛過沙漠，可是我卻不可以。」

「因為你堅持你原來的樣子，所以你永遠無法跨越這個沙漠。你必須讓微風帶著你飛過這個沙漠，到達你的目的地。你只要願意放棄你現在的樣子，讓自己蒸發到微風中。」沙漠用它低沉的聲音這樣說。

小河流從來不知道有這樣的事情，「放棄我現在的樣子，然後消失在微風中？不！不！」小河流無法接受這樣的事情，畢竟它從未有過這樣的經驗，叫它放棄自己現在的樣子，那麼不等於是自我毀滅了嗎？

「我怎麼知道這是不是真的？」小河流這麼問。

「微風可以把水汽包含在它之中，然後飄過沙漠，等到了適當的地點，它就把這些水汽釋放出來，於是就變成了雨水。然後，這些雨水又會形成河流，繼續向前進。」沙漠很有耐心地回答。

「那我還是原來的河流嗎？」小河流問。

「可以說是，也可以說不是。」沙漠回答，「不管你是一條河流或是看不見的水蒸氣，你內在的本質從來沒有改變。你之所以會堅持你是一條河流，那是因為你從來不知道自己內在的本質。」此時小河流的心中，隱隱約約地想起了自己在變成河流之前，似乎也是由微風帶著自己，飛到內陸某座高山的半山腰，然後變成雨水落下，才變成今日的河流。

於是，小河流終於鼓起勇氣，投入微風張開的雙臂，消失在微風之中，讓微風帶著它，奔向它生命中某個階段的歸宿。

人生不可能完全被掌控，正所謂「謀事在人，成事在天」，生命中總有些難以預料的事，有時無需太過執著，正如感情，感情是一捧細沙，握得越緊，越容易流失。

自以為一切盡在掌握中，一切藏得嚴嚴實實，其實卻十分不牢靠。

生命歷程往往也像河流一樣，想要跨越生命中的障礙，達到某種程度的突破，有時必須放下「執著」。

另闢蹊徑，步入新境

創新有時需要離開常走的大道，潛入森林，你就肯定會發現前所未見的東西。

一條路走不順暢，可以硬著頭皮走下去，也可以放棄原路，另闢蹊徑。換一種思維，換一個想法，往往能使人豁然開朗，步入新境，也能使人從「山窮水盡」中看到「峰迴路轉」和「柳暗花明」。

美國科學家貝爾曾說過：「創新有時需要離開常走的大道，潛入森林，你就肯定會發現前所未見的東西。」這也就是說我們往往按照自己已經習慣的思維角度來思考問題，從同樣的角度看上去，我們所擁有的資源總是一樣的，就永遠要在資源的限制下發展。

但如果你能換一個思路去思考，很可能就會有不一樣的發現。

有一家電視臺請來了一位商業奇才做嘉賓主持。很多人想聽聽他成功的方法。他卻淡淡一笑，說：「還是我出道題目考考你們吧！」

「某處發現了金礦，人們一窩蜂地湧了過去，然而一條河擋住了他們的去路。這時，如果是你，你將怎麼辦？」

有人說繞道走，也有人說游過去。

嘉賓只笑不說話，過了很久他才說：「為什麼非要去淘金呢？不如買船從事運送淘金者的營生。」

眾人愕然。是啊！那種情形下，即便你將那些淘金者宰得身無分文，他們也心甘情願呀——因為過去就是金礦！

成功往往就隱藏在別人沒有注意的地方，假如你能發現它，抓住它，利用它，那麼，你就會有機會獲得成功。困境在智者的眼中往往意味著一個潛在的機遇，愚者對此卻無動於衷。

人云亦云、隨波逐流往往是我們生活中的陷阱。如果總是大家做什麼你也做什麼，就無法取得突破。

為何不想一下「大家不做什麼？」「大家還沒有做什麼？」這樣，在他人忽略的特殊領域，我們便能挖掘出新的產品和服務專案。

要想改善生活品質，首先要學會改變思路？不善改變思路就根本不可能找到成功的路徑。

美國康乃爾大學威克教授做過這樣一個試驗：拿一隻廣口玻璃瓶，瓶底朝光亮的一方，放進一隻蜜蜂。

蜜蜂在瓶口反覆朝著有光亮的方向飛。它橫衝直撞的，努力了多次，都沒有飛出瓶子。儘管這樣，它還是不肯改變突圍方向，仍舊按原來的方向去衝撞瓶壁。最後，它耗盡了氣力，累死了。

接著，教授又放進了一隻蒼蠅。蒼蠅也向有光亮的方向飛，突圍失敗後，又朝各種不同方向嘗試，結果最後終於從瓶口飛走了。

有時候，人只要稍微變通一下思路，生命的前景、工作的效率就會大為改觀。當工作上遇到挫折的時候，你是否常常這樣鼓勵自己：「堅持到底就是勝利。」

找尋屬於自己的人生——

放下執著，進退自如

有時候，這會使人陷入一種誤區：一意孤行，一頭撞南牆。因此，當你的努力遲遲得不到預期的業績時，就要學會放棄，要學會改變一下思路。

其實，細想一下，適時地放棄不也是人生的一種大智慧嗎？改變一下方向又有什麼難的呢？改變一個想法，我們改變的，就不止是自己的那個世界。

有人說：心就是一個人的翅膀，心有多大，我們就能飛多遠。

當我們感覺眼前無路可走的時候，不妨轉念一下，另闢蹊徑，就有可能步入人生的另一片天地。

學會變通，走出人生困境

對於困難這部老爺車來說，變通就是最好的潤滑油。

變通是一種智慧，在善於變通的世界裡，不存在困難這樣的字眼。再頑固的荊棘，也會被他們用變通的方法拔起。他們相信，凡事必有方法去解決，而且能夠解決得很完善。

一位姓劉的老總曾深有感觸地講述了自己的故事：

在十多年前，他在一家電氣公司當業務員。當時公司最大的問題是如何催款。公司的產品不錯，銷路也不錯，但產品銷出去後，總是無法及時收到款。

有一位客戶，買了公司二十萬元產品，但總是以各種理由遲遲不肯付款，公司派了三批人去催款，都沒能拿到貨款。當時他剛到公司上班不久，就和另外一位姓張的員工一起被派去收款。他們軟磨硬泡，想盡了辦法。最後，客戶終於同意給錢，叫他們過兩天來拿。

兩天後他們趕去，對方給了一張二十萬元的現金支票。

他們高高興興地拿著支票到銀行領錢，結果卻被告知，存簿裡只有十九萬九千九百元。很明顯，對方又耍了個花招，他們給的是一張無法兌現的支票。第二天就要放春節年假了，如果不及時拿到錢，不知又要拖延多久。遇到這種情況，一般人可能一籌莫展了。但是他突然靈機一動，於是拿出一百塊錢，讓同去的小張存到客戶公司的帳戶裡去。這樣一來，帳戶裡就有了二十萬元。他立即將支票兌了現。

當他帶著這二十萬元回到公司時，董事長對他大加讚賞。之後，他在公司不斷發展，五年之後當上了公司的副總經理，後來又當上了總經理。

顯然，劉總為我們講了一個精彩的故事，因為他的智慧，使一個看似難以解決的問題迎刃而解了，因為他的變通，才使他獲得不凡的業績，並得到公司的重用。可以說，變通就是一種智慧。

生活中，學會變通，懂得思考才會有「柳暗花明又一村」的驚喜。事實也一再證明，看似極其困難的事情，只要我們用心去尋找變通方法，必定會有所突破。委內瑞拉人拉菲爾·杜德拉也正是憑藉這種不斷變通而發跡的。在不到二十年的時間裡，他就建立了投資額達十億美元的事業。

在二十世紀六〇年代中期，杜德拉在委內瑞拉的首都擁有一家很小的玻璃製造公司。可是，他並不滿足於做這個行業，他學過石油工程，他認為石油是個賺大錢和更能施展自己才幹的行業，他一心想躋身於石油界。

有一天，他從朋友那裡得到一則資訊，說是阿根廷打算從國際市場上採購價值二千萬美元的丁烷氣。得此資訊，他充滿了希望，認為躋身於石油界的良機已到，於是立即前往阿根廷活動，想爭取到這筆合約。

去了之後，他才知道早已有英國石油公司和殼牌石油公司兩個老牌大企業在頻繁接觸了。這是兩家十分難以對付的競爭對手，更何況自己對經營石油業並不熟悉，資本又並不雄厚，要成交這筆生意難度很大。但他並沒有就此甘休，他決定採取變通的迂迴戰術。

一天，他從一個朋友處瞭解到阿根廷的牛肉過剩，急於找門路出口外銷。

他靈機一動，感到幸運之神到來了，這等於給他提供了和英國石油公司及殼牌公司同等競爭的機會，對此他充滿了必勝的信心。

他旋即去找阿根廷政府。當時他雖然還沒有掌握丁烷氣，但他確信自己能夠弄到，他對阿根廷政府說：「如果你們向我買二千萬美元的丁烷氣，我便買你二千萬美元的牛肉。」當時，阿根廷政府想趕緊把牛肉推銷出去，便把購買丁烷氣的投標給了杜德拉，他終於戰勝了兩個強大的競爭對手。

投標爭取到後，他立即籌辦丁烷氣。隨即飛往西班牙。當時西班牙有一家大船廠，由於缺少訂貨而瀕臨倒閉。西班牙政府對這家船廠的命運十分關切，想挽救這家船廠。

這一則消息，對杜德拉來說，又是一個可以把握的好機會。他便去找西班牙政府商談，杜德拉說：「假如你們向我買二千萬美元的牛肉，我便向你們的船廠訂制一艘價值二千萬美元的超級遊輪。」西班牙政府官員對此求之不得，當即拍板成交，馬上透過西班牙駐阿根廷使館，與阿根廷政府聯絡，請阿根廷政府將杜德拉所訂購的二千萬美元的牛肉，直接運到西班牙來。

杜德拉把二千萬美元的牛肉轉銷出去之後，繼續尋找丁烷氣。他到了美國費城，找到太陽石油公司，他對太陽石油公司說：「如果你們能出二千萬美元租用我這艘遊輪，我就向你們購買二千萬美元的丁烷氣。」太陽石油公司接受了杜德拉的建議。從此，他便打進了石油業，實現了躋身於石油界的願望。經過苦心經營，他終於成為委內瑞拉石油界的鉅子。

杜德拉是具有大智慧、大膽魄的商業奇才。這樣的人能夠在困境中變通地尋找方法，創造機會，將難題轉化為有利的條件，創造更多可以脫穎而出的資源。

美國一位著名的商業人士在總結自己的成功經驗時說，他的成功就在於他善於變通，他能根據不同的困難，採取不同的方法，最終克服困難。

對於困難這部老爺車來說，變通就是最好的潤滑油。對於善於變通的人來說，世界上不存在著困難，只存在著暫時還沒想到的方法。因此，當我們面臨人生的困境時，不妨換種思維，換種角度來對待，學會變通，走出困境。

窮則變，變則通

生命就像一條河流，不斷回轉蜿蜒，
才能克服崇山峻嶺，彙集百川，成為巨流。

行走中的人，既要能看到遠處的山水，也要能近看自己腳下的路。「不計較一時得失，基於全景考慮而決定的變通」，往往是抵達目的地的一條捷徑。變通，既是為了透過，更是為了向前。

窮則變，變則通。生命的路途中既有平坦大道也有崎嶇小路，聰明的人既嚮往大道的四通八達，也憧憬小路上的美麗風景；生命的輪轉中四季交替，既有姹紫嫣紅草長鶯飛的明媚春光，也有銀裝素裹萬木凋零的凜凜冬日，萬物生靈隨著季節的輪轉調整著自己的生存方式。

在生命的春天中，我們可以充分享受和煦的春風、溫暖的陽光，而遭遇寒冬之時，要及時調整步速，不急不躁地把握住生命的脈搏。

人的一生，總要經風歷雨，橫衝直撞，一味拼殺是莽士；運籌帷幄，懂得變通才是智者。

從前有一個窮人，他有一個非常漂亮的女兒。窮人家境拮据，妻子又體弱多病，不得已向富人借了很多錢。

年關將至，窮人實在還不上欠富人的錢，便來到富人家中請求他拖延一段時間。富人不相信窮人家中困窘到了他所描述的地步，便要求到窮人家中看一看。

來到窮人家後，富人看到了窮人美麗的女兒，壞主意立刻就冒了出來。他對窮人說：「我看你家中實在很困難，我也並非有意難為你。這樣吧，我把兩個石頭放進一個黑罐子裡，一黑一白，如果你摸到白色的，就不用還錢了，但是如果你摸到黑色的，就把女兒嫁給我抵債！」窮人迫不得已只能答應。

富人把石頭放進罐子裡時，窮人的女兒恰好從他身邊經過，只見富人把兩個黑色石頭放進了罐子裡。窮人的女兒剎那間便明白了富人的險惡用心，但又苦於不能立刻當面拆穿他的把戲。她靈機一動，想出了一個好辦法，悄悄地告訴了自己的父親。

於是，當窮人摸到石頭並從罐子裡拿出時，他的手「不小心」抖了一下，富人還沒來得及看清顏色，石頭便已經掉在了地上，與地上的一堆石頭混雜在一起，難以辨認。

富人說：「我重新把兩顆石頭放進去，你再來摸一次吧！」

窮人的女兒在一旁說道：「不用再來一次了吧！只要看看罐子裡剩下的那顆石頭的顏色，不就知道我父親剛剛摸到的石頭是黑色的還是白色的了嗎？」說著，她把手伸進罐子裡，摸出了剩下的那顆黑色石頭，感歎道：「看來我父親剛才摸到的是白色的石頭啊！」富人頓時啞口無言。

「重來一次」意味著窮人摸到黑、白石子的機率仍然各占一半，而窮人的女兒則透過思維的轉換成功扭轉了雙方所處的形勢。所以很多時候與其硬來，不如做出變通更有效果。

當客觀環境無法改變時，改變自己的觀念，學會變通，才能在絕境中走出一條通往成功的路。生活中許多事情往往都要轉彎，路要轉彎，事要轉彎，命運有時也要轉彎。

轉彎是一種變化與變通，轉彎是調整狀態，也是一種心靈的感悟。生命就像一條河流，不斷回轉蜿蜒，才能克服崇山峻嶺，彙集百川，成為巨流。生命的真諦是實現，而不是追求；是面對現實環境，懂得轉彎迂迴和成長，而不是直撞或逃避。

高山不語，自有巍峨；流水不止，自成靈動。沉穩大氣、卓然挺拔，是山的特性；遇石則分，遇瀑則合，是水的個性。水可穿石，山能阻水，山有山的精彩，水有水的美麗，而山環水水繞山，更是人間曼妙風景。

做一條反向游泳的魚

做一條反向游泳的魚，不走尋常路，才能看到別樣風景；不走尋常路，是因為心繫遠方。

藝術家說：學我者生，似我者死。

文學家說：抄襲是埋葬一切才華的墳墓，創新是精品產生的源泉。

經濟學家說：逃離競爭殘酷的紅海，奔向空間無限的藍海。

做一條反向游泳的魚，不走尋常路，才能看到別樣風景；不走尋常路，是因為心繫遠方。當你面對一個史無前例的問題，沿著某一固定方向思考而不得其解時，靈活地調整一下思維的方向，從不同角度展開思路，甚至把事情整個反過來想一下，那麼就有可能反中求勝，摘得成功的果實。

宋神宗熙寧年間，越州（今浙江紹興）鬧蝗災。只見蝗蟲烏雲般飛來，遮天蔽日。所到之處，禾苗全無，樹木無葉，一片肅殺景象。當然，這年的莊稼顆粒無收。這時，素以多智、愛民著稱的清官趙汴被任命為越州知州。趙汴一到任，首先面臨的是救災問題。越州不乏大戶之家，他們有積年存糧。老百姓在青黃不接時，大都過著半饑半飽的日子，而一旦遭災，便缺大半年的口糧。災荒之年，糧食比金銀還貴重，哪家不想存糧活命？一時間，越州米價騰貴。

面對此種情景，僚屬們都沉不住氣了，紛紛來找趙汴，求他拿出辦法來。藉此機會，趙汴召集僚屬們來商議救災對策。

大家議論紛紛，但有一條是肯定的，就是依照慣例，由官府出告示，壓制米價，以救百姓之命。僚屬們七言八語說附近某州某縣已經出告示壓米價了，我們倘若還不行動，米價天天上漲，老百姓將不堪其苦，會起事造反的。

趙汴靜聽大家發言，沉吟良久，才不緊不慢地說：「此次救災，我想反其道而行之，不出告示壓米價，而出告示宣佈米價可自由上漲。」眾僚屬一聽，都目瞪口呆，先是懷疑知州大人在開玩笑，而後看知州大人認真的樣子，又懷疑這位大人是否吃錯了藥，在胡言亂語。趙汴見大家不理解，笑了笑，胸有成竹地說：「就這麼辦。起草文告吧！」

官令如山，趙汴說怎麼辦就怎麼辦。不過，大家心裡都直犯嘀咕：這次救災肯定會失敗，越州將餓殍遍野，越州百姓要遭殃了！這時，附近州縣都紛紛貼出告示，嚴禁私增米價。若有違犯者，一經查出嚴懲不貸。揭發檢舉私增米價者，官府予以獎勵。而越州則貼出不限米價的告示，於是，四面八方的米商聞訊而至。開始幾天，米價確實增了不少，但買米者看到米上市的太多，都觀望不買。過了幾天，米價開始下跌，並且一天比一天跌得快。米商們想不賣再運回去，但一則運費太貴，增加成本，二則別處又限米價，於是只好忍痛降價出售。

這樣，越州的米價雖然比別的州縣略高點，但百姓有錢可買到米。而別的州縣米價雖然壓下來了，但百姓排半天隊，卻很難買到米。所以，這次大災，越州餓死的人最少，受到朝廷的嘉獎。

僚屬們這才佩服了趙汴的計謀，紛紛請教其中原因。趙汴說：「市場之常性，物多則賤，物少則貴。我們這樣一反常態，告示米商們可隨意加價，米商們都蜂擁而來。吃米的還是原來那些人，米價怎能漲上去呢？」

逆向思維不迷信原有的傳統觀念和經典信條，對既定事物進行批判性的思考，體現的是一種叛逆精神。

這種思維在一般人看來是不合情理甚至是荒謬的，但正是因為採取這種思維，思考者才得以擺脫傳統觀念和習慣勢力的束縛，向著新的成果躍進，創造出新的觀念和理論來，導致新舊理論的更替和生活面貌的改變。

逆向思維本身就是靈感的源泉。遇到問題，我們不妨多想一下，能否從反方向考慮一下解決的辦法。反其道而行是人生的一種大智慧，當別人都在努力向前時，你不妨倒回去，做一條反向游泳的魚，去尋找屬於你的終南捷徑。

拋卻執著的妄念

執著於變幻無常的時間一切，就是一種虛妄。

禪宗祖師曾說過一句話：「如蟲禦木，偶爾成文。」意思是說，有一隻蛀蟲咬樹的皮，忽然咬的形狀構成了花紋，使人覺得好像是鬼神在這棵樹上畫了一個符咒。

其實那都是偶然撞到的，偶爾成文似錦雲，有時候也很好看的。這就說明一切聖賢說法，以及佛的說法都是對機說法，這些都是偶爾成文，過後一切不留。既然世間的一切都是偶爾成文的，還有什麼好執著的呢？

西堂智藏是馬祖道一禪師的弟子。他住持西堂後，有次一位俗家人士問：「禪師，請問有天堂和地獄嗎？」

禪師答：「有。」

他又問：「有佛、法、僧三寶嗎？」

禪師答：「有。」

他還提了許多問題，禪師全都回答：「有。」

那人說：「和尚這樣回答，恐怕錯了吧？」

禪師就問：「難道你見過得道高僧了嗎？」

那人答：「我曾經參見過徑山和尚。」

禪師問：「徑山對你怎麼說的？」

那人答：「他說一切都無。」

禪師問：「你有妻子嗎？」他回答：「有。」

禪師問：「徑山和尚有妻子嗎？」

那人答：「無。」

禪師說：「徑山和尚說無是對的。」那人行禮道歉後滿足地離去了。

俗家人士的回答為什麼有問題呢？原因就在於他還有對錯之分，一個執著於對錯的人，當然就是一個妄念沒有去除的人。

放下執著，進退自如

佛陀告誡世人說，一個人要學習超然物外，不要執著於萬事萬物，因為塵世間萬事萬物均是無常。不要執著，不代表不讓生活中任何感情和經驗穿越心扉。事實恰恰相反，我們要讓所有情緒、體驗、經驗穿透心房，只有真實去接受、體會和認清這些經驗，才能讓它離開，不再執著。

趙州禪師是禪宗史上有名的大師，他對執著也有很精彩的解釋。

眾僧請趙州和尚住持觀音院。

一天，從諗上堂說法：「比如明珠握在手裡，黑來顯黑，白來顯白。我老僧把一根草當做佛的丈六金身來使，把佛的丈六金身當做一根草來用。菩提就是煩惱，煩惱就是菩提。」

有僧問：「不知菩提是哪一家的煩惱？」從諗答：「菩提和一切人的煩惱分不開。」又問：「怎樣才能避免？」從諗：「避免它幹什麼？」

又有一次，一個女尼問趙州和尚：「佛門最祕密的意旨是什麼？」趙州就用手掐了她一下，說：「就是這個。」

女尼道：「沒想到你心中還有這個。」

趙州說：「不！是你心中還有這個！」

趙州禪師的話語給我們以足夠的啟示。人為什麼放不下，就因為他們還有執著，有執著的人就不會絕對自在。

南懷瑾先生告訴我們，其實生活中的很多人都被現象騙了，人生永遠不斷有明天，何必總是看過去呢？明天不斷地來，真正的虛空是沒有窮盡的，它也沒有分斷昨天、今天、明天，也沒有分斷過去、現在、未來，永遠是這麼一個虛空。天黑又天亮，昨天、今天、明天是現象的變化，與這個虛空本身沒有關係。天亮了把黑暗蓋住，黑暗真的被光亮蓋住了嗎？天黑了又把光明蓋住，互相輪替，黑暗光明，光明黑暗，在變化中不增不減；所以一切的用是虛妄不實的，而虛空之體卻是不增不減的；所以生活中的我們，一定不要被變化不實的現象所騙。執著於變幻無常的時間一切，就是一種虛妄。

其實，這就是所謂「色即是空」，不執著了，就會享受當下，坦然接受一切，那逍遙的境界也就不遠了。

尋明心，安身心

執著就像一個魔咒，令人心生掛念，不能自拔，最後常令人不得其果，操勞心神，反而迷失了對人生、對自身的真正認識。

認識心內的世界，首先要認識我們的心。由識心而找心，由找心而明心，由明心而安心。人，若能悟到這一層次，就算是修行到了真正的境界。照佛理所言，一切凡夫都有我相、人相、眾生相、壽者相，打破這些執念，自然會能推開迷霧見青天，認識一個全然超新的自己。在這一過程中，我們要隨時觀察自己，要使此心無所住。

如果心心念念住在某一種東西上，或住在某一種習氣上，始終不能解脫，就很難認清自己，更無法與這世界形成和諧的關係。

因此，一個看清自己，認識自己，看透外界的人，必須學會不要將自己的心執著於任何觀念和習氣上。

馬祖道一禪師是南嶽懷讓禪師的弟子。他出家之前曾隨父親學做簸箕，後來父親覺得這個行業太沒出息，於是把兒子送到懷讓禪師那裡去學習禪道。在般若寺修行期間，馬祖整天盤腿靜坐，冥思苦想，希望能夠有一天修成正果。

有一次，懷讓禪師路過禪房，看見馬祖坐在那裡面無表情，神情專注，便上前問道：「你在這裡做什麼？」

馬祖答道：「我在參禪打坐，這樣才能修煉成佛。」

懷讓禪師靜靜地聽著，沒說什麼便走開了。

第二天早上，馬祖吃完齋飯準備回到禪房繼續打坐，忽然看見懷讓禪師神情專注地坐在井邊的石頭上磨些什麼，他便走過去問道：「禪師，您在做什麼呀？」

懷讓禪師答道：「我在磨磚呀！」

馬祖又問：「磨磚做什麼？」

讓禪師說：「我想把他磨成一面鏡子。」

馬祖一愣，道：「這怎麼可能呢？磚本身就沒有光明，即使你磨得再平，它也不會成為鏡子的，你不要在這上面浪費時間了。」

放下執著，進退自如

懷讓禪師說：「磚不能磨成鏡子，那麼靜坐又怎麼能夠成佛呢？」

馬祖頓時開悟：「弟子愚昧，請師父明示。」

懷讓禪師說：「譬如馬在拉車，如果車不走了，你是用鞭子打車，還是打馬？參禪打坐也一樣，天天坐禪，能夠坐地成佛嗎？」

馬祖把心念執著於坐禪，所以始終得不到解脫，只有擺脫這種執著，才能有所進步。

成佛並非執著索求或者靜坐念經就可，必須要身體力行才能有所進步。一開始終日冥思苦想著成佛的馬祖，在求佛之時，已經漸漸淪入歧途，偏離了參禪學佛的本意。馬祖未能明白成佛的道理，就像他沒有明白自己的本心一樣，他不瞭解自己的內心如何與佛同在，所以他犯了「執」的錯誤。

名師百丈和尚每次說法的時候，都有一位老人跟隨大眾聽法，眾人離開，老人亦離開。忽然有一天老人沒有離開，百丈禪師於是問：「面前站立的又是什麼人？」

老人云：「我不是人啊。在過去迦葉佛時代，我曾住持此山，因有位雲遊僧人問：『大修行的人還會落入因果嗎？』我回答說：『不落因果。』就因為回答錯了，使我被罰變成為狐狸身而輪回五百世。現在請和尚代轉一語，為我脫離野狐身。」

老人於是又問：「大修行的人還落因果嗎？」

百丈禪師答：「不昧因果。」

老人於言下大悟，作禮說：「我已脫離野狐身了，住在山後，請按和尚禮儀葬我。」

百丈禪師真的在後山洞穴中，找到一隻野狐的屍體，便依禮火葬。

這就是著名的「野狐禪」的故事，那個人為什麼被罰變身狐狸並輪回五百世呢？因為他太執著於因果，所以不得解脫。

執著就像魔咒，令人心想掛念，不能自拔，最後常令人不得其果，操勞心神，反而迷失了對人生、對自身的真正認識。修佛也好，參禪也好，在認識和理解禪佛之前，修行者必須要先認識自己的本身，然後發乎情地做事，漸漸理解禪佛之意。

如果執著於認識禪佛之道，最後連本身都不顧了，這就是本末倒置的做事法。就像一個人做事之前，必須要理解自身所長，才能放手施為地去做事。如果只看到事物的好處而忽略了自身能力，又怎麼可能將事情做好呢？這便是尋明心，安身心的魅力所在。

放棄無謂的固執，我們才能得以解脫，獲得新生。

低一下頭，彎一下腰

彎曲，是一種人生智慧，在生命不堪重負之時，適時適度低一下頭，彎下腰，抖落多餘負擔，才能走出屋簷步入華堂，避開壓力而邁向遼闊。

世界是不圓滿的，不圓滿就會有不如意。在這種情況下，人要學會低頭，學會彎腰，學會變通。彎曲，是一種人生智慧，在生命不堪重負之時，適時適度地低一下頭，彎一下腰，抖落多餘的負擔，才能夠走出屋簷而步入華堂，避開逼仄而邁向遼闊。

孟買佛學院是印度最著名的佛學院之一，這所佛學院的特點是建院歷史悠久，培養出了許多著名的學者。還有一個特點是其他佛學院所沒有的，這是一個極其微小的細節。但是，所有進入過這裡的人，當他們再出來的時候，無一例外地承認，正是這個細節使他們頓悟，正是這個細節讓他們受益無窮。

這是一個被很多人忽視的細節：孟買佛學院在它正門的一側，又開了一個小門，這個門非常小，一個成年人要想過去必須彎腰側身，否則就會碰壁。

其實這就是孟買佛學院給它的學生上的第一堂課。所有新來的人，老師都會引導他到這個小門旁，讓他進出一次。很顯然，所有的人都是彎腰側身進出的，儘管有失禮儀和風度，卻達到了目的。老師說，大門雖然能夠讓一個人很體面很有風度地出入。但很多時候，人們要出入的地方，並不是都有方便的大門，或者，即使有大門也不是可以隨便出入的。這時，只有學會了彎腰和側身的人，只有暫時放下面子和虛榮的人，才能夠出入。否則，你就只能被擋在院牆之外。

孟買佛學院的老師告訴他們的學生，佛家的哲學就在這個小門裡。

其實，人生的哲學何嘗不在這個小門裡。人生之路，尤其是通向成功的路上，幾乎是沒有寬闊的大門的，所有的門都需要彎腰側身才可以進去。因此，在必要時，我們要能夠學會彎曲，彎下自己的腰，才可得到生活的通行證。人生之路不可能一帆風順，必然會有風起浪湧的時候，如果迎面與之搏擊，就可能會船毀人亡，此時何不退一步，先給自己一個海闊天空，然後再圖伸展。

妙善禪師是世人非常景仰的一位高僧，被稱為「金山活佛」。他一九三三年在緬甸圓寂，其行跡神異，又慈悲喜捨，所以，直至現在，社會上還流傳著他難行能行、難忍能忍的奇事。

在妙善禪師的金山寺旁有一條小街，街上住著一個貧窮的老婆婆，與獨生子相依為命。偏偏這兒子忤逆兇橫，經常斥罵母親。妙善禪師知道這件事後，常去安慰這老婆婆，和她說些因果輪回的道理，逆子非常討厭禪師來家裡，有一天起了惡念，悄悄拿著糞桶躲在門外，等妙善禪師走出來，便將糞桶向禪師兜頭一蓋，剎那間腥臭汙穢糞尿淋滿禪師全身，引來了一大群人看熱鬧。

妙善禪師不氣不怒，一直頂著糞桶跑到金山寺前的河邊，才緩緩地把糞桶取下來，旁觀的人看到他的狼狽相，更加哄然大笑，妙善禪師毫不在意地道：「有什麼好笑的？人身本來就是眾穢所集的大糞桶，大糞桶上面加個小糞桶，有什麼值得大驚小怪的呢？」

有人問他：「禪師！你不覺得難過嗎？」

妙善禪師道：「我一點也不會難過，老婆婆的兒子以慈悲待我，給我醍醐灌頂，我正覺得自在哩！」

後來，老婆婆的兒子為禪師的寬容感動，改過自新，向禪師懺悔謝罪，禪師歡歡喜喜地開示他，受了禪師的感化，逆子從此痛改前非，以孝聞名鄉里。

妙善禪師將身體看做大的糞桶，加個小的糞桶，也不稀奇。這種認知正是他高尚的人格和道德慈悲的表現，而正是這一刻他彎下了腰，忍住了屈辱，才感化了忤逆的年輕人。

人生有起有伏，不必過於執著，而應當能屈能伸。起，就直上雲霄；伏，就如龍在淵；屈，就不露痕跡；伸，就清澈見底。這是多麼奇妙、痛快、瀟灑的情境啊！

山不過來，我就過去

這世上根本就沒有什麼移山大法，唯一能夠移山的方法就是：山不過來，我就過去。

人們聽說有位大師幾十年來練就了移山大法，於是有人找到這位大師，央求他當眾表演一下。大師在一座山的對面坐了一會，就起身跑到山的另一面，然後說表演完了。

眾人大惑不解。大師微微一笑，說道：「事實上，這世上根本就沒有什麼移山大法，唯一能夠移山的方法就是：山不過來，我就過去。」

我們可能無法改變生活中的一些東西，但是我們可以改變自己的思路。有時，只要我們放棄了盲目的執著，選擇了理智的改變，就可以化腐朽為神奇。

大凡高效能的成功人士，踏上成功之途總是從改變思路開始的。

成功往往就隱藏在別人沒有注意到的地方，假如你能發現它、抓住它、利用它，那麼，你就有機會獲得成功。困境在善於拓展思路的智者眼中往往意味著一個潛在的機遇。換一個思路處理問題，可能會看到完全不同的景象。也許一個不經意的角度轉換，就會讓你在不經意間解決了問題。

畢卡索說：「每個孩子都是藝術家，問題在於你長大成人之後是否能夠繼續保持藝術家的靈性。」

有一個攝影師，每次拍團體照時都是有睜眼的，也有閉眼的。閉眼的看見照片，非常生氣：「我百分之九十以上的時間都睜著眼，你為什麼偏讓我照一張無精打采的照片？這不是故意扭曲我的形象嗎？」

就拍照而言，形象是件大事，全靠修片也難，於是攝影師喊：「一！二！三！」但撐了老半天之後，有的人恰巧在「三」字上撐不住了，又作閉目狀，真難辦。

後來，攝影師換了一種思路，從而解決了這一難題。他請所有照相者全閉上眼，聽他的口令，同樣是喊「一，二，三」，但是在「三」字上一起睜眼。

果然，照片沖洗出來一看，一個閉眼的也沒有，全都顯得神采奕奕，十分有精神。眾人見了都非常高興。

當遭遇困境時，一個思路行不通，就要果斷地換另一種思路，只有這樣，新的創意才會自然而然地產生出來，化解困境的方法也才會隨之出爐。

改變思路，這是一個智慧的方法。工作有時就像打井，如果在一個地方總打不出水來，你是一味地堅持繼續打下去，還是考慮可能是打井的位置不對，從而及時調整方案去尋找一個更容易出水的地方打井？

「橫看成嶺側成峰，遠近高低各不同。」在浩渺無際的思維空間裡，如果能從不同角度，用不同的視角觀察和思考問題，就能從「山窮水盡」的迷境中走出來，欣賞到「柳暗花明」的美景。

俗話說：「窮則變，變則通。」沒有什麼東西是永遠靜止不前的，世易時移，我們的思路也要跟著改變，才能趕上時代的潮流。當一條路走不通時，不要一味「堅持」，而要變換思路，改變陳舊的觀念，打破世俗的牢籠。山不過來，我就過去，只有勇於改變思路，才能創新，才能讓成功持久。

「此路不通」就轉個彎

生活並不是一成不變的，有時候我們轉過身，會發現，
原來我們身後也藏著機遇，只是當時我們趕路太急而忽略了。

當你走在路上，眼看就要到達目的地了，這時車前突然出現一塊警示牌，上面寫著四個大字：此路不通！這時你會怎麼辦？

有人選擇仍走這條路過去，大有不撞南牆不回頭之勢。結果可想而知，已言明「此路不通」，那個人只能在碰了釘子後自認倒楣地調轉車頭，返回。這種人在工作中常常因「不知變通」而無功而返，消耗了時間和體能，卻無法將工作效率提高一丁點，結果做了許多無用之功。

有人選擇駐足觀望。不再向前走因為「此路不通」，卻也不調頭，想法有二：一是認為自己已經走了這麼遠，再回頭有不甘且尚存僥倖心理；二是想如果回頭了其他的路也不通怎麼辦？結果駐足良久也未能前進一步。這種人在工作中常常會因懦弱和優柔寡斷而喪失機會，業績沒有進展不說，還會留下無盡

的遺憾。

還有另一類人，他們會毫不猶豫地調轉車頭，去尋找另外一條路。也許會再次碰壁，但他們仍會不斷地進行嘗試，直到找到那條可以到達目的地的路。這種人是工作中真正的勇者與智者，他們懂得變通，直到尋找到解決問題的辦法，並且往往能夠取得不錯的業績。

「此路不通」就換條路，「這個方法不行」就換個方法，應該成為我們每一個人的工作理念。

某地由於一些工廠排放污水，使很多河流污染嚴重，以至於下游居民的正常生活受到了威脅，環保部門每天都會接到數十位滿腹牢騷的居民投訴。環保部門聯合有關當局決定尋找解決問題的辦法。

他們考慮對排污水的工廠進行罰款，但罰款之後污水仍會排到河流中，不能從根本上解決問題。這條路，行不通。有人建議立法強令排汙工廠在廠內設置汙水處理設備。本以為問題可以徹底解決了，卻在法令頒佈之後發現污水仍不斷地排到河流中。而且，有些工廠為了掩人耳目，對排汙喬裝打扮，從外面不能看到有什麼破綻，但污水卻一刻不停地在流。這條路，仍行不通。之後，當地有關部門立刻轉變方法，採用著名思維學家德・波諾提出的設想：立一項法律——工廠的水源輸入口，必須建立在它自身污水輸出口的下游。

看起來這是個匪夷所思的想法，但事實證明這確實是個好方法。它能夠有效地促使工廠進行自律：假如自己排出的是污水，輸入的也將是污水，這樣一來，能不採取措施淨化輸出的污水嗎？

任何事物發展都不是一條直線的，聰明的人能看到直中之曲和曲中之直，並不失時機地把握事物迂迴發展的規律，透過迂迴應變，達到既定的目標。

俗話說：「變則通，通則久！」在一些暫時沒有辦法解決的事情面前，我們應該學著變通，不能死鑽牛角尖，此路不通就換另一條路。有更好的機會就趕快抓住，不能一條道走到底。

美國著名企業家李・艾柯卡在擔任克萊斯勒汽車公司總裁時，為了爭取到十億美元的國家貸款以解公司之困，他在正面進攻的同時，採用了迂迴包抄的方法。

一方面，他向政府提出了一個現實的問題，即如果克萊斯勒公司破產，將有六十萬左右的人失業，第一年政府就要為這些人支出二十七億美元的失業保險金和社會福利開銷，政府到底是願意支出這二十七億呢？還是願意借出十億極有可能收回的貸款？另一方面，對那些可能投反對票的國會議員們，艾柯卡吩咐手下為每個議員列一份清單，清單上列出該議員所在選區所有和克萊斯勒有經濟往來的代銷商、供應商的名字，並附有一份萬一克萊斯勒公司倒閉，將在其選區造成的經濟後果的分析報告，以此暗示議員們，若他們投反對票，因克萊斯勒公司倒閉而失業選民將怨恨他們，由此也將危及他們的議員地位。

這一招果然很靈，一些原先強烈反對給克萊斯勒公司提供貸款的議員閉了嘴。最後，國會通過了由政府支持克萊斯勒公司十五億美元的提案，比克萊斯勒公司原來要求的多了五億美元。

此路不通就換方法。正是遵循了這個信條，李・艾柯卡才最終找到瞭解決問題的辦法。

找尋屬於自己的人生——

放下執著，進退自如

一個卓越的人，必是一個注重尋找方法的人。當他發現一條路不通或太擠時，就能夠及時轉換思路，改變方法，尋找一條更為通暢的路。工作中也是如此。一個優秀的員工必是一個善於變換思路和方法的員工，他不會固守一種思路，也不會迷信一種方法，他會審時度勢，適時突破，在變化中迅速拿出新的應對方案。他相信，方法總會有的，只是自己還沒有想到。

生活亦是如此，什麼都不是一成不變的，有時候我們轉過身，就會發現，原來我們身後也藏著機遇，只是當時我們趕路太急而忽略了。

所以，此路不通時，不妨轉個彎，換條路走走。

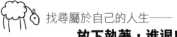

變一回視線，換一次角度

堅持固然是一種良好的特質，
但在有些事上過度的堅持，反而會導致更大的浪費。

西方有一首詩這樣寫道：
動物明白自己的特性：
熊不會試看飛翔，
駑馬在跳過高高的柵欄時會猶豫，
狗看到又深又寬的溝渠時會轉身離去。
但是，人是唯一一種不知趣的動物，
受到愚蠢與自負天性的左右，
對著力不能及的事情大聲地嘶吼——堅持下去！
出於盲目和頑固，
荒唐地執迷於自己最不擅長的事情，

使自己歷盡艱辛，然而收穫甚微。

盲目的堅持，只會讓人陷入無謂的努力中，最終收穫甚微。

「愚公移山」的故事，老少皆知。我們欽佩愚公的幹勁、執著，但同時也有人抱質疑態度：愚公搬一次家，又何至於讓子子孫孫都辛苦一生？

工作中，許多人常咬緊「青山」不放鬆，永不言放棄，卻只能頭破血流、兩敗俱傷。有時候變一回視線，換一次角度，找一下方法，將會「柳暗花明又一村」。

小馬到一家公司去推銷商品。他恭敬地請祕書把名片交給董事長，正如所料，董事長還是把名片退了回去。

「怎麼又來了！」董事長有些不耐煩。

無奈，祕書只得把名片退還給站在門外受盡冷落的小馬，但他毫不在意地再把名片遞給祕書。

「沒關係，我下次再來拜訪，所以還是請董事長留下名片。」

拗不過小馬的堅持，祕書硬著頭皮，再進辦公室，董事長生氣了，將名片撕成兩半，丟還給祕書。祕書不知所措地愣在當場，董事長更生氣了，從口袋拿出十塊錢說道：「十塊錢買他一張名片，夠了吧！」

哪知當祕書遞還給業務員名片與鈔票後，小馬很開心地高聲說：「請你跟董事長說，十塊錢可以買兩張我的名片，我還欠他一張。」

隨即他再掏出一張名片交給祕書。突然，辦公室裡傳來一陣大笑，董事長走了出來說道：「這樣的業務員不跟他談生意，我還找誰談？」說著把小馬請進了辦公室。

大多數情況下，正確的方法比堅持的態度更有效、更重要。

堅持固然是一種良好的特質，但在有些事上過度的堅持，反而會導致更大的浪費。因此，在做一件事情時，在沒有勝算的把握和科學根據的前提下，應該見好就收，知難而退。

某個國家的火箭研製成功後，科學家選定一個海島做發射的基地。

找尋屬於自己的人生——

放下執著，進退自如

經過長久的準備，進入可以實際發射的階段時，海島的居民卻群起反對火箭在此發射。於是全體技術人員總動員，反覆地與島上居民談判、溝通，以尋求他們的理解。

可是交涉卻一直陷入泥淖狀態，最後終於說服了島上的居民，前後卻花費了三年的時間。

後來大家重新檢討這件事情時，發現火箭的發射並不是非這個海島不行。此前，卻從來沒有人發現這個問題。

當時只要把火箭運到別的地方，那麼，三年前早就發射完成了。但當時太執著於如何說服島民的問題上，所以才連「換個地方」這麼簡單而容易的方法都沒有想到。

有些事情，你雖然付出很大努力，但你會發現自己仍處於一個進退兩難的地位，你所走的研究路線也許只是一條死胡同。這時候，最明智的辦法就是抽身退出，尋找其他的成功機會。

在形形色色的問題面前，在人生的每一次關鍵時刻，聰明的人會靈活地運用智慧，做最正確的判斷，選擇屬於自己的正確方向。同時，他會隨時檢視自己選擇的角度是否產生偏差，適時地進行調整，而不是以堅持到底為圭臬，只憑一套哲學，便欲強渡生活中所有的關卡。時時留意自己執著的意念是否與成功的法則相抵觸，追求成功，並非意味著我們必須全盤放棄自己的執著，去遷就成功法則。

只需在意念、方法上做靈活的修正，我們離成功將越來越近。

恬淡如水，進退安如

心靈之安者，其心當恬淡如水，
為人處世間進退安如，其人生也自有一番怡然之境。

中華文明源遠流長，其中的書法文化頗具特色。和其他字體相比，中國的行書具有大小相兼、疏密得體、濃淡相融、收放結合的特點，放則凸顯草書風骨，收則盡顯楷書風範，堪稱收放自如的智慧融合體，筆鋒之間是人生重現。幸福的人生也當如這行書一般，可縱情狂放，也可內斂端正，面對世間萬事萬物，收放自如，怡然自得地享受著生活。

李白的狂放在整個中國詩歌史上留下了濃墨重彩的一筆，人們皆以為是狂放成就了詩人李白，其實不然。在狂放的心靈下，李白也懂得克制隱忍，面對紅塵俗世收放自如，從容以對，放能瀟灑遨遊天下，揮灑出眾多的名篇佳句。

當年李白到京城趕考，儘管才學過人，卻因不願給主考官楊國忠和宦官高力士等貪財之輩送禮，最終無緣功名。面對李白的才學，楊國忠不無諷刺地批道：這樣的書生只能給我磨墨。高力士甚至說：磨墨算抬舉他了，他只配給我脫靴。隨之把李白推出考場。面對官場如此的黑暗，李白心生氣憤，卻隱忍克制不發，「此處不留爺，自有留爺處」。

一年後的一天，有個番使來唐朝遞交國書，上面全是鳥獸圖形。唐玄宗命楊國忠開讀，楊國忠如見天書，哪裡認得？滿朝文武亦無一人能辨認。唐玄宗大怒：「三日之內若無人認得，文武官員一律停發俸祿；六日無人問得，一概免官；九日無人認得，統統問罪。」

後有人推薦李白，李白接過番書，不僅一目十行，且應代玄宗寫詔書。

其時，李白見楊國忠、高力士站在兩班文武之首，便對唐玄宗說：「臣去年應考，被楊太師批落，被高太尉趕出，今見二人在班，臣神氣不旺。請萬歲吩咐楊國忠給臣磨墨，高力士為臣脫靴，臣方能口代天言，不辱君命。」唐太宗用人心急，就依言傳旨。楊國忠只得忍氣磨墨，高力士只得跪著脫靴。

李白受辱時不怒，受寵時亦不驚。他被拜為翰林學士後，繼續受寵，但他主動上書，要求離去。

放下執著，進退自如

他在《夢遊天姥吟留別》詩中這樣寫道：「安能摧眉折腰事權貴，使我不得開心顏？」李白不為一時一事的寵辱而驚恐，表現了賢人君子超凡脫俗的思想境界。

該狂時狂，該斂時斂，收放自如，從容以對天下，進可入世，融入俗世紅塵卻不覺煩惱牽絆，退可出世，不問紅塵俗世，精修其心，樂得逍遙自在。

蘇東坡讚美西湖詩說：「欲把西湖比西子，淡妝濃抹總相宜。」西湖如此，西子如此，每個人的人生也應如此，該濃則濃，該淡則淡，濃淡相宜。該濃時，就濃他個轟轟烈烈，全心全意地去衝事業、闖天下，報效國家，奉獻社會；該淡時，就淡他個心如止水，沉穩恬靜，「采菊東籬下，悠然見南山」。名、利、權、勢，都是身外之物、過眼雲煙，得意淡然，失意泰然。

蘇軾的友人王定國有一名歌女，名叫柔奴，眉目娟麗，善於應對，其家世代居住京師，後王定國遷官嶺南，柔奴隨之，多年後，復隨王定國還京。

蘇軾拜訪王定國時見到柔奴，問她：「嶺南的風土應該不好吧？」不料，柔奴卻答道：「此心安處，便是吾鄉。」蘇軾聞之，心有所感，遂填詞一首，這首詞的後半闕是：「萬里歸來年愈少，微笑，笑時猶帶嶺梅香。試問嶺南應不好？卻道：此心安處是吾鄉。」

在蘇軾看來，偏遠荒涼的嶺南不是一個好地方，但柔奴能像生活在故鄉京城一樣處之安然。從嶺南歸來的柔奴，看上去似乎比以前更加年輕，笑容彷彿帶著嶺南梅花的馨香，這便是隨遇而安，並且是心靈之安的結果了。

這則小故事傳遞給我們的是人生的另一種境界——隨遇而安。那柔奴便是因為深諳了「隨遇而安」的內涵與要義，因而能做到「此心安處是故鄉」，並使自己：「萬里歸來更年少」，「此心安處是吾鄉」。直到今天，仍然被無數漂泊者當做自況、自慰之語。在我們生存的這個社會裡，多少「身在異鄉為異客」的人，因能隨遇而安，故而不論在什麼樣的環境裡均能安之若素。能安之若素，方可心無煩憂，一心做自己應做或想做之事。

「隨遇」者，順隨境遇也，「安」者，一可理解為聽天由命，安於現狀；二可理解為心靈不為不如意之境遇所擾，無論於何種處境，均能保持一種平和安然的心態，並繼續堅持自己的追求。

前者之「安」，或許可以稱為「消極處世」，而後者之「安」，則需要一種良好的心理調適能力，甚至需要一種超脫、豁達的胸襟，不是人人都能做到的。

莊子有言：「古之真人，其寢不夢，其覺無憂，其食不甘，其息深深。」真人者，有心靈之安，不僅可以使人「其寢不夢，其覺無憂」，而且可以使人樂觀處世，永保青春。

心靈之安者，其心當恬淡如水，為人處世間進退安如，其人生也自有一番怡然之境。

三分苦幹，七分巧幹

「三分苦幹，七分巧幹」，「苦」在踏實付出，「巧」在靈活地尋找思路，只有這樣，才能走向成功。

人們常說：一件事情需要三分的苦幹加七分的巧幹才能完美。意思是行事時注重尋找解決問題的思路，用巧妙靈活的思路解決難題，勝於一味蠻幹。也就是說，「苦」的堅韌離不開「巧」的靈活。

一個人做事，若只知下苦功，則容易走入死胡同，若只知用巧，則難免缺乏「根基」，唯有三分苦加上七分巧，才更容易達到自己的目標。

當亨利・福特還是少年時，就發明了一種不必下車就能關上車門的裝置。當他成為聞名於世的汽車製造商時，他仍繼續巧幹。他安裝了一條運輸帶，從而減少了工人拿取零件的麻煩。在此問題解決後，他又發現裝配線有些低，工人不得不彎腰去工作，這對身體健康有極大的危害，所以他堅持把生產線提高了八英寸。這雖然只是一個簡單的提高，卻在很大程度上減輕了工人的工作量，提高了生產力。

工作中，許多人兢兢業業、任勞任怨，業績卻沒有多大提升，追根究柢，都是蠻幹惹的禍。

傑瑞是一名新的證券經紀人。和所有新手一樣，主管給他一本電話號碼簿和一部電話，讓他開始工作。如果他想做出好成績，就要盡可能多打電話。傑瑞擁有超人的毅力，他每天會打上幾百通電話，忍受不斷的拒絕，然後再排除眾多障礙尋找到新的客戶。在幾個月的時間裡，其他經紀人被他甩在了後面，傑瑞開始受到上級的重視，最後成了管理階層中的一員。但他仍需在這種廣種薄收的銷售環境中頑強苦幹，證明自己的價值。

我們不妨來為傑瑞設計一個小型的經營系統，透過廉價的報紙廣告和推銷信向客戶發送資訊，這樣傑瑞就不用再撥打電話了，他只要與那些看到自己發佈的資訊後給他打電話的人談生意即可。這樣，傑瑞的交易量提高了，就不會像從前一樣忙得不可開交。傑瑞的「巧幹」讓自己有時間做更有意義的事情，這樣做不但不會因為偷懶而被否定，反而有機會獲得更大的成功。

做任何事情，都要將「苦」與「巧」巧妙結合。正所謂「三分苦幹，七分巧幹」，「苦」在踏實付出，「巧」在靈活地尋找思路，只有這樣，才能走向成功。

人的智慧潛能是無限的，一個瞬間產生的想法也許就會使企業流程優化、生產成本降低、工作效能提高，為企業帶來巨大的經濟效益。

海爾員工魏小娥用創新的方法解決了生產過程中的「毛邊」問題，使過去髒亂不堪的衛浴生產廠房現場變得十分整潔，將產品合格率提升到百分之百。這一成就使魏小娥的老師日本模具專家宮川先生也讚歎不已。

海爾空調事業部的質檢員戴戈，積極想辦法解決了空調檢驗過程中用水浪費的問題。

聯想集團的陳紹鵬頂著重重阻力，為聯想打開了中國西南地區的市場，為聯想公司挖掘了一個擁有巨大前景的市場，同事也都誇他具有「把冰淇淋賣給北極熊的本領」。

海信集團的李硯泉，在短短一周的時間內對日本三洋機芯進行了改造，使之適應中國的市場；之後又自己設計電視主機板，徹底代替了三洋的產品，為海信創造了很好的效益。

還有許許多多的人，他們都是普普通通的人，卻用自己的智慧作出了不平凡的成績，為公司化解了長期以來被認為無法解決的難題，為企業創造了超額的利潤。

做事情不能只靠苦幹，善於尋找出路的人才是最聰明的人。他們永遠都保持著高漲的創造熱情，並極力將這種熱情轉化為實際行動，為人生和事業的長久發展出謀劃策，成為社會創富的先鋒者。當今社會，一個人只會用辛勤的付出獲取人生的回報還遠遠不夠，還應當立足人生的長遠發展，開拓思路，把握住苦幹和巧幹的分寸，用自己的智慧和創意引領人生走向另一個輝煌。

懸崖深谷處，撒手得重生

痛苦源自執著心，人生唯有少執著，多放下。

懸崖深谷得重生看似種悖論，實際上卻蘊涵著深刻的道理。

「懸崖撒手」是一種姿態，美麗而輕盈。放手之後，心靈將獲得一片自由飛翔的廣袤天空，在瞬間釋放與舒展。行走於人世間，事情的發展不會總是按照我們的主觀想像進行，大多數時候，萬事如意只是一個美好的心願罷了。

一個人只有把一切受物理、環境影響的東西都放掉，才能夠逍遙自在，萬里行遊而心中不留一念。

面對世間萬物，只要我們不那麼過分執著，換個想法，換個角度，調整一下態度，就能讓自己有新的境遇，新的機會。對於人們來說，想要達到身輕心安的境界，其實是很容易的。

只是不要過於執著，不要讓自己過得那麼辛苦，能夠從容放下，那麼自由暢快就在眼前。

從前有一位凡事放得下、非常豁達的老人，一心只想施捨、為人付出，他認為自己若學會與人無爭、與世無爭，那樣的話才能過著逍遙又自在的人生。就在佛在世的時候，有一位波斯匿王出城巡遊。

國王乘坐在高大的白象上，身邊有一群隨從圍繞在身旁。途中，波斯匿王從遠處看到一位白髮蒼蒼的老人走了過來；他生怕這位老邁的長者受到驚嚇，即吩咐身邊的隨從：「先停下來！停下來！」他想讓老人能慢慢安全地走過來。

這位老邁的長者遠遠看到國王時，自己也稍微停了下。他望見隨從的隊伍也停下時，才放心地繼續向前走。當長者慢慢地走到這群人的面前時，國王對著他輕聲呼喚說：「老人家！看你白髮蒼蒼，您今年高壽？」

老人仰頭看著滿臉慈祥的國王，展露天真的笑容，老人緩慢地伸出四個手指頭對國王說：「我今年才四歲。」

國王聽後很疑惑地說：「你四歲？」

老人看著國王的眼睛堅定地說：「對！我才四歲。因為我在四年前所過的生活，是很糊塗、懵懂的人生，對於我來說那並不是真正的人生。後來我很幸運地得聞佛法，從此開悟，因為我受佛陀的教育才四年，現在也就是四歲！」

老人看著國王驚訝的表情繼續說：「如今，我凡事都放得下，不再像以前一樣盲目堅持，現在的我一心只想要施捨，在我有生之年盡力付出。在這個過程中，我體會到付出後讓人快樂對於我自己來說是一件多麼值得歡喜的事情，不與人計較是如此的自在！由此，我總結了一下這幾年的心得，那就是心無煩惱，才能身輕心安！」

「這四年來，我過得很逍遙自在，我那時才明白這才是我想要的人生。所以，我真正會做人的年齡才四歲。」

國王聽了老人的話後若有所思，然後突然有所悟並歡喜地說：「老人家！你說的很對！人生確實要放得下、捨得付出，與人無爭、與世無爭，這才是最逍遙的人生。我真的很羨慕你！雖然你聽聞佛法才四年，但這四年讓你的人生已經變得很有價值了。」

找尋屬於自己的人生——

放下執著，進退自如

透過老人的故事我們更加能體會到，人生若想過得逍遙自在，無痛無苦，必須要有著豁達寬廣的胸懷，學會看得開，放得下。

把令我們沮喪的事放下，把心煩意亂的事情放下，把那些壞心情放下，不要過分執著，以一分淡定從容自由輕鬆之心對待自己，對待生活。

痛苦源自執著心，人生唯有少執著，多放下。對名利不執著，對權位不執著，對人我是非能放下，對情愛欲念能放下，才能享受隨緣隨喜的解脫生活。

PART 2

悅納他人就是善待自己——

放下成見，大度包容

人，如果沒有寬廣的胸懷，就無法成就輝煌的事業。
包容不是膽怯，不是妥協，
它和放棄一樣，是另一種明智和勇敢。
擁有寬廣的胸懷，對他人包容，
對自己包容才能高瞻遠矚，才能贏得更為廣闊的天地。

幫別人等於幫自己

給予別人的或許只是一點小小的幫助，
但是在得到幫助的人眼裡，這種幫助卻無異於天降甘露，甜美萬分。

人們常說「濟人須濟急是無，救人急難等於救己」，這句話講的是一個人活在這個世界上，不可能不有求於人，也不可能沒有助人之時，在別人困難的時候我們幫助了別人，其實也是在幫助自己。

在動亂的年代，有一個軍人回家省親時經過一家食品店，他在店的門口看到一個人在那哭泣，於是軍人便走過去詢問原因。

那個人看著軍人說：「我家裡窮得只剩下了這一個銅錢，我想用他給孩子們買些食物，因為他們已經幾天沒吃東西了，但是店裡的人卻告訴我這枚銅錢是假的，我該怎麼辦啊！」說著說著那人又哭了起來。

軍人想了想，於是就從自己的衣服口袋裡摸出一枚銅錢遞給窮人，讓他拿去買食物給孩子們吃，然後拿走他手裡的假錢放回自己的衣袋。窮人看到後連聲道謝，趕忙買了食物回家去了。沒過多久的時間，軍人就回到了營地，不久軍人就隨部隊一起上了戰場。

戰鬥中，一顆子彈射向軍人的胸膛，軍人身體一震，絕望地想：「今天恐怕要喪命了！」

但是他突然意識到自己好像並沒有流血，於是他用手往胸前一摸頓時便愣住了，原來竟然是那枚銅錢為他擋了子彈！

軍人不過是給了窮人一枚銅錢，這個救濟真的似乎算不得大，但是軍人得到的回報竟是一條性命。在我們的生活中，也會有許多的人需要幫助，有的時候只要你付出一點點的愛心，說不定就會有很寶貴的收穫。

像故事中的那種利人又利己的事，我們真應當多做一些。要知道，當他別人遇到危難和困窘時，也正是他們心靈最脆弱的時候，人們常說「雪中送炭好過錦上添花」，你若此時能夠急人所急，給人所需，那麼對方一定能夠銘記這份恩情。雖然我們幫助別人的本意不一定是尋求報答，但是說不定在將來的某一天，滴水恩情會得到湧泉相報呢！

很多年前一個感恩節的早上，別的家庭都在喜氣洋洋準備豐富的早餐，而有對年輕夫婦的一家人卻極不願醒來，因為他們不知道如何慶祝這麼重要的一天，雖然他們有感恩的心，但是他們實在窮得可憐，這一天連吃頓飽飯都是一個問題，大餐更是想都別想，如果早點和當地的慈善團體聯絡，或許就能分得一隻火雞及烹烤的佐料，只要有點簡單的食物吃就不錯了。

可是他們沒這麼做，這是為什麼呢？原因是他們有骨氣，不願意這樣做，所以造成了現在的局面。

所謂貧賤夫妻百事哀，一旦生存有了問題，那麼爭執就無可避免了，沒多久這對夫婦就爭吵起來，為的也是關於食物領取的事情。隨著雙方越來越烈的火氣和咆哮，孩子們都捂緊了耳朵，在最長孩子的眼裡，此時也只有深深的無奈和無助。

然而，這個時候命運開始改變了。沉重的敲門聲在耳邊響起，男孩前去應門，眼前出現一個滿臉的笑容的男人，他的手中提著一個大籃子，裡面滿是各種所能想到的應節東西：一隻火雞、配料、厚餅、甜薯以及各式罐頭，這些全是感恩節大餐所不可少的。孩子看著口水直流，他的父母也聽著聲音出來了，眼前的場景讓大家一時都愣住了，不知道是怎麼一回事，男人隨之開口道：這份禮物是位好心人要我送來的，他希望你們知道還是有人在關懷和愛你們的。一開始，這個家庭中做父親的還極力推辭，後來，那人卻這麼說：「不要難為我了，我也只不過是個跑腿的。」然後，他說了一句「感恩節快樂」接著就離開了。

就在那一瞬間，小男孩的生命從此就不一樣了。

雖然這只是一個小小的關懷，卻讓他對人生始終存在著希望，在他內心深處有了一股對生活的感恩之情，他發誓日後也要以同樣方式去幫助其他有需要的人。

男孩到了十八歲的時候，他終於有能力來兌現當年自己的誓言。雖然此時他的收入還很微薄，但是在感恩節裡他還是買了不少食物，他打算去送給兩戶極為需要的家庭。那一天，他穿著一條老舊的牛仔褲和一件T恤，假裝是個送貨員。當他到達第一戶破落的住所時，前來開門的是位婦女，女人帶著提防的眼神望著他。她的六個孩子，也都在背後。這位年輕人看後開口說道：我是來送貨的，女士。

說完他便回轉身子，從車裡拿出裝滿了食物的袋子及盒子，裡面全是耶誕節的必需品。見此，那個女人當場傻了眼，而孩子們也爆出了高興的歡呼聲。女人的眼眶滿是淚水，她抓住年輕人的手，說著生硬的英語激動地喊著：感謝偉大的主！你一定是上帝派來的！

年輕人有些靦腆地說道：噢，不，不，我只是個送貨的，是一位朋友要我送來這些東西的。」隨之，他便交給這位婦女一張字條，上頭這麼寫著：

我是你們的一位朋友，願你們一家人都能過個快樂的感恩節，也希望你們永遠幸福！今後你們若是有能力，就請同樣把這樣的禮物轉送給其他有需要的人。

年輕人繼續把一袋袋的食物不停地搬進屋子，使得興奮、快樂和溫馨之情達到最高點。當他離去時，那種人與人之間的親密感和相助之情，讓他不覺熱淚盈眶。回首瞥見那個家庭的張張笑臉，他對自己有餘力幫助他們，內生一股感恩之心。

幫助別人是一種精神的傳遞，只要你真心地幫助別人，那麼你自己也同樣能得到幫助，因為愛心是無限循環的，幫別人也是等於幫自己，生活中哪怕是一個小小的恩惠，一聲簡單的問候，哪怕是平時都是施於微不足道的小事，都是對人以愛的鼓舞，我們是不是在別人需要「牛奶」的時候也做到「施以愛心」了呢？生活中，在我們看來，給予別人的或許只是一點小小的幫助，但是在得到幫助的人眼裡，這種幫助卻無異於天降甘露，甜美萬分。被幫助的人會將這份恩惠牢牢銘記於心，也許在未來的某一個時間，在我們需要別人幫助的時候，說不定他人會以數倍甚至數百倍的回報回饋給我們。

打開「心」的格局

無論榮辱悲喜、成敗冷暖，只要心量放大，自然能做到風雨不驚。

一個人的心量有多大，他的成就就有多大，不為一己之利去爭、去鬥、去奪，掃除報復之心和嫉妒之念，則心胸廣闊天地寬。當你能把虛空宇宙都包容在心中時，你的心量自然就能如同天空一樣廣大。無論榮辱悲喜、成敗冷暖，只要心量放大，自然能做到風雨不驚。

從前有座山，山裡有座廟，廟裡有個年輕的小和尚，他過得很不快樂，整天為了一些雞毛蒜皮的小事唉聲歎氣。後來，他對師傅說：「師傅啊！我總是煩惱，愛生氣，請您開示開示我吧！」

老和尚說：「你先去集市買一袋鹽。」

小和尚買回來後，老和尚吩咐道：「你抓一把鹽放入一杯水中，待鹽溶化後，喝上一口。」

小和尚喝完後，老和尚問：「味道如何？」

小和尚皺著眉頭答道：「又鹹又苦。」

然後，老和尚帶著小和尚來到湖邊，吩咐道：「把剩下的鹽撒進湖裡，再嘗嘗湖水。」弟子撒完鹽，彎腰捧起湖水嘗了嘗，老和尚問：「什麼味道？」

「純淨甜美。」小和尚答道。

「嘗到鹹味了嗎？」老和尚又問。

「沒有。」小和尚答道。

老和尚點了點頭，微笑著對小和尚說道：「生命中的痛苦就像鹽的鹹味，我們所能感受和體驗的程度，取決於我們將它放在多大的容器裡。」小和尚若有所悟。

老和尚所說的容器，其實就是我們的心量，它的「容量」決定了痛苦的濃淡，心量越大煩惱越輕，心量越小煩惱越重。心量小的人，容不得，忍不得，受不得，裝不下大格局。有成就的人，往往也是心量寬廣的人，看那些「心包

悅納他人就是善待自己——

放下成見，大度包容

太虛，量周沙界」的古聖大德，都為人類留下了豐富而寶貴的物質財富和精神財富。其實，我們每個人一生中總會遇到許多鹽粒似的痛苦，它們在蒼白的心空下泛著清冷的白光，如果你的容器有限，就和不快樂的小和尚一樣，只能嘗到又鹹又苦的鹽水。如果說生命中的痛苦是無法自控的，那麼我們唯有拓寬自己的心量，才能獲得人生的愉悅。透過內心的調整去適應、去承受必須經歷的苦難，從苦澀中體味心量是否足夠寬廣，從忍耐中感悟暗夜中的成長。

心量是一個可開合的容器，當我們只顧自己的私欲，它就會愈縮愈小；當我們能站在別人的立場上考慮，它又會漸漸舒展開來。若事事斤斤計較，便把自心局限在一個很小的框框裡。這種處世心態，既輕薄了自身的能力，又輕薄了自己的品格。

心量是大還是小，在於自己願不願意敞開。一念之差，心的格局便不一樣，它可以大如宇宙，也可以小如微塵。我們的心，要和海一樣，任何大江小溪都要容納；要和雲一樣，任何天涯海角都願遨遊；要和山一樣，任何飛禽走獸，都不排拒；要和路一樣，任何腳印車軌都能承擔。這樣，我們才不會因一些小事而心緒不寧、煩躁苦悶。

獨木橋上，先讓對面的人過來

不斤斤計較是一種大度，是一種豁達；
不過多與人計較的人能夠容納萬物，包含太虛。

人非聖賢，孰能無過？人會在一時衝動之後犯下錯誤，那時他已經感到內疚，最需要的不是增加懲罰，而是得到諒解和寬容。與其痛懲他的過錯，不如用寬容的心對待他，如果他因此受到善意的感化，那麼這世上就少了一個惡人，多了一個善士。

能夠改過自新的人就應該對其既往不咎，寬容對待他人的過失，既能使自己不再受傷害，也給了別人改過自新的機會，何樂而不為呢？

有這樣一個故事：

蝸牛角上有兩個國家，左角上的叫觸氏，右角上的叫蠻氏，這兩個國家雖然小，但經常因為爭奪地盤而打仗。有一次，觸氏和蠻氏又發生了戰爭，觸氏打了勝仗，殺了蠻氏的士兵好幾萬人。蠻氏敗走逃跑了，觸氏就發兵去追，追了五十多天，才得勝回來。

這個故事意在說明，很多的爭鬥就像蝸牛角上兩個國家發生廝殺一樣，從自己的小角度看來廝殺似乎驚天動地，從世界的大角度看來其實爭奪的利益往往小得可笑。因此，後世便有了「蝸角虛名」、「蠅頭微利」的成語。

世間的紛爭，大部分都是不值得一提的是非利害之爭，忍一忍風平浪靜，讓一讓海闊天空。《菜根譚》中說：「石火光中，爭長兢短，幾何光陰？蝸牛角上，較雌論雄，許大世界？」意思是，在電光石火般短暫的人生中較量長短，又能爭到多少光陰？在蝸牛觸角般狹小的空間裡你爭我奪，又能奪到多大的世界呢？

我們常常認為戰場上敵對的雙方是「不共戴天」、「你死我活」的關係，其實在講求禮儀的人心目中，謙讓也不是完全沒有可能的，而且當雙方處於對壘關係時，一方表現適度的謙讓，往往會收到意想不到的效果。古代很多軍事家都擅長謙讓，其中以三國時期的羊祜最為著名。

羊祜是三國時期魏國的軍事家。魏國晚期，司馬氏掌握了魏國的大權，後來建立了西晉。朝廷派羊祜到荊州駐軍，防守東吳。

羊祜在荊州駐防的時候，並不發兵騷擾吳國地界，而是對吳國的老百姓很友好。即使是打仗，也事先約好交戰日期，不會突然襲擊。有的將領提出偷襲，羊祜就請他們喝酒，最後喝得醉醺醺的，就把偷襲的事情忘得一乾二淨了。

有一次，羊祜的部下在邊界上抓了兩個孩子，回來一問，原來是吳國兩個將領的兒子。羊祜立即命人把孩子送回去，過了幾天，這兩個將領都帶兵來歸降了。羊祜活捉了吳國的將領，也以禮送還，交戰中陣亡的將領，就把他們厚葬，時間一久，吳國的軍隊都知道羊祜的好名聲。

羊祜對待敵人謙讓有禮，對吳國的百姓更是秋毫無犯。羊祜在吳國地界行軍，收割了田裡稻穀以充軍糧，就根據收割的數量付錢償還。打獵的時候，羊祜約束部下，不許超越邊界線。如有禽獸先被吳國人所傷而後被自己人擒獲，羊祜就下令送還對方。羊祜這些做法，使吳人心悅誠服。吳人不叫他的名字，而是尊稱他為「羊公」。

羊祜的這些做法，就是在以謙和的態度對待敵人，這樣不僅沒有讓敵人痛恨自己，反而贏得了敵人的尊敬。心胸狹隘的人，一事不順便心存憎恨，一句話不順，就耿耿於懷，心靈上栽滿荊棘，思想上遮滿雲霧，整日抑鬱，常年憂慮，就無異於自戕自害。懂得寬容的人，堪稱是一個智慧的人。他總是使一些猜忌和誤會消失於無形，由此避免許多無謂的衝突和不良的後果。他能使自己心性平靜、神采安逸。他不會因為自己的個人得失而心潮起伏，也不會為了雞毛蒜皮之事而爭得你死我活、臉紅脖子粗。他目光遠大，心胸開闊，善明事理，勇於開拓，他追求的是永恆的春天，快樂的人生。

人間世情反覆不定，昨日的高山，可能今日就是河流，昨日的河流，可能成為今日的高山。我們現在正行走在曲折艱難的人生路上，不免和別人在獨木橋上狹路相逢，不要只想著「狹路相逢勇者勝」，爭一時之勇。這時，退一步才能海闊天空，如果我們從橋上退回地面，讓對方先行，給別人便利，這反而是讓自己到達幸福彼岸的最快方式。

心境開闊，與人為善

寬容是人類靈魂裡美麗的風景。

寬容不僅是一種「海量」，更是一種修養促成的智慧。事實上只有胸襟開闊的人才會自然而然地運用寬容。

每個人都曾經有過錯誤，如果人們執著於過去的錯誤，那樣就會形成新的思想包袱，不信任、放不開、耿耿於懷，這樣就會限制了自己的思維，也限制了對方的發展。即使是背叛，也並非不可容忍。能夠承受背叛的人才是最堅強的人，越是對別人寬容，自己也會覺得輕鬆、快樂。

寬容來自於愛，正如和風之於春日，陽光之於冬天一樣。寬容是人類靈魂裡美麗的風景。有了博大的胸懷和寬容一切的心靈，那麼就自然會散發出濃濃的醇香，使人活得輕鬆，使人的生活更加快樂。

悅納他人就是善待自己——
放下成見，大度包容

一七五四年，當時正值弗吉尼亞州議會選舉議員，身為上校的華盛頓率領部下駐防亞歷山大市。有個名叫威廉・佩恩的人反對華盛頓所支持的候選人。一次在公開場合中，華盛頓與佩恩就選舉問題展開了激烈爭論，並說了一些冒犯佩恩的話。佩恩火冒三丈，並一拳將華盛頓打倒在地。當華盛頓的部下跑上來要教訓佩恩時，華盛頓急忙阻止了他們，並勸說他們離開那裡。第二天早上，華盛頓就托人帶給佩恩一張紙條，約他到一家小酒館見面。佩恩以為必有一場決鬥，於是做好準備後趕到酒館。令他驚訝的是，等候他的不是手槍而是美酒。

華盛頓站起身，伸出手迎接他。

華盛頓說：「佩恩先生，昨天確實是我不對，我不該那樣說，不過你已經採取行動挽回了面子。人非聖賢，孰能無過。如果你認為到此可以解決的話，請握住我的手，讓我們交個朋友。」

從此以後，佩恩成為了華盛頓的一個狂熱支持者。

華盛頓開闊的胸襟，不僅使他們化敵為友，而且也為以後事業的成功，增添了一位有力的支持者。

能夠原諒別人，能大度地接受委屈，能與人為善，這是一種修養，一種「風度」，一種文明，一種優秀。華盛頓的這種寬容精神值得生活中的每一個人學習。一個寬容的人永遠是心如止水，平平靜靜，無論遭遇什麼事情，寬容人的心境永遠是開闊的，明朗的，輕鬆的。

的確，寬容的人不會因為自己遭受的傷害和侮辱而心泛波瀾。一個寬容的人是善於忘記的，他不會為一句話、一件事而耿耿於懷，更不會結黨營私、歇斯底里地去報復。一個寬容的人還會從他人的立場出發，想想別人，從而真正地理解他人。

對別人寬容與豁達都是一種不可或缺的特質，它能為你換來一份比你的地位更高貴的榮譽，比金銀珠寶更寶貴的寬廣博大的胸懷、輕鬆愉快的心境。越是對他人寬容，我們的內心也會變得更加輕鬆快樂。

換位思考，由己及人

當你認為別人的感受和你自己的一樣重要時，才會出現融洽的氣氛。

一位女孩剛開始上網的時候，個性十足，上論壇最喜歡批評人，當然也被批評。被批評了，心裡不好過，連飯都吃不下去。好友知道後對女孩說了一句話：「上網是為了快樂。」這句話如同醍醐灌頂，讓女孩一下子釋懷。

想想看，大家來自不同的城市甚至不同的國家，有不同的看法，帶著不同的口音，如果沒有網路，大家如何能彼此交談？如何能夠彼此分享快樂、分擔憂傷？相識，本來就是緣分。珍惜緣分，珍惜彼此。傷人不快樂，被傷更不快樂。後來再上網，女孩再也沒有和人吵過架，沒有惡意抨擊過別人——不為別的，只為大家都要尋求快樂。

溝通大師吉拉德說：「當你認為別人的感受和你自己的一樣重要時，才會出現融洽的氣氛。」我們需要多從他人的角度考慮問題，如果對方覺得自己受到重視和讚賞，就會報以合作的態度。如果我們只強調自己的感受，別人就會和你對抗。

在美國的一次經濟大蕭條中，百分之九十的中小企業都倒閉了，一個名叫丹娜的女人開的齒輪廠的訂單也是一落千丈。丹娜為人寬厚善良，慷慨體貼，交了許多朋友，並與客戶都保持著良好的關係。在這舉步維艱的時刻，丹娜想要找那些朋友、老客戶出出主意、幫幫忙，於是就寫了很多信。可是，等信寫好後才發現：自己連買郵票的錢都沒有了！

這同時也提醒了丹娜：自己沒錢買郵票，別人的日子也好不到哪裡去，怎麼會捨得花錢買郵票給自己回信呢？可如果沒有回信，誰又能幫助自己呢？於是，丹娜把家裡能賣的東西都賣了，用一部分錢買了一大堆郵票，開始向外寄信，還在每封信裡附上二美元，作為回信的郵票錢，希望大家給予指導。

她的朋友和客戶收到信後，都大吃一驚，因為二美元遠遠超過了一張郵票的價錢。每個人都被感動了，他們回想了丹娜平日的種種好處和善舉。

不久，丹娜就收到了訂單，還有朋友來信說想要投資她，一起做點什麼。

悅納他人就是善待自己——

放下成見，大度包容

丹娜的生意很快就有了起色。在這次經濟蕭條中，她是為數不多站住腳而且有所成就的企業家。

有些人常抱怨自己不被他人理解，其實，換個角度可能別人也有同樣的感受。當我們希望獲得他人的理解，想到「他怎麼就不能站在我的角度想一想呢」時，我們也可以嘗試自己先主動站在對方的角度思考，也許會得到一種意想不到的答案。許多矛盾誤會也會迎刃而解。

換個角度替對方多思考一下，關係立刻就會變得緩和。生活中，我們應該相信，每一個壞人都有他值得同情和原諒的地方。一個人的過錯，常常不是他一個人所造成的，對這些人多一些體諒，從對方的角度出發，你的寬容就可以溫暖一顆失落的心，他們也會把溫暖傳遞給他人。

悅納他人，善待彼此

我們在給別人一片晴朗的天空時，會發現自己的天空也變得明媚起來。

生活中，對待自己身邊的人，我們應學會多一點體諒、寬容和理解，少一點苛求、抱怨與責備；對待那些需要幫助與關懷的人，學會多一點愛心，少一些冷漠；對待工作中的對手學會多一些欣賞，少一點敵意。如果人人都能夠看見別人的優點，並能夠欣賞它，尊重它，讚美它，那將是一種很高的心境，也是一種理想的狀態。

能夠真心祝福別人幸福的人也是一種美麗的善良，善待他人，學會與人為善，那麼我們才能讓自己的心境始終保持在愉悅之中。尊重他人的人，才會有健全的心理和健康的人生。善待他人，會讓自己的路變得更寬，如果人人都可以做到這點，那就沒有了獨木橋，也沒有了冷漠和麻木，那麼所有的人都可以在陽關大道上闊步前進，昂首向前。

悅納他人就是善待自己——

放下成見，大度包容

從前，有一個乞丐，他總是躲在寺廟的一個角落裡靜靜地合掌念佛。

平時除去乞討的時候，每當有人施捨，他總是會對人面露喜色，不停地說著：「因緣！因緣！」即使有人不願意施捨，他也會說：「因緣！因緣！」就連小孩子用石頭打他，用雜物往他身上丟棄，他也不會反抗，只是微笑著說：「因緣！因緣！」就這樣，當地的人們都稱他為「因緣乞丐」。

到了晚上，他會找一處沒有人住的地方過夜，或者有時也在別人的屋簷下待一晚。

在一個寒風刺骨的晚上，有一個書生因為天黑沒有看見他，竟在他頭頂上小解，乞丐被驚醒過來，喃喃地說：「因緣！因緣！」書生聽到後大吃一驚，對著乞丐誠懇地道歉，乞丐見此急忙說：「不敢當，不敢當，都怪我睡錯了地方，嚇著了你，這也是你我之間的因緣。你向一個乞丐道歉，實在是讓我這個乞丐不安！」

書生聽他一席話以後，被他深深感動了，立刻向他許諾說：「你心真好，只要我死在你的後面，我一定厚葬你！」

然而沒過多久，因緣乞丐就在一戶人家的屋簷下死去了。書生聽到消息後果然信守諾言，為乞丐舉行了隆重的葬禮，然後將其火化。

但是這個時候奇怪的事發生了，乞丐居然在火焰中獲得了重生，他渾身散發著耀眼的金光，周圍的人看到後都急忙的對其許願，膜拜，乞丐對著眾人笑了笑，然後對書生說道：「我很感謝你將我的肉身超度，剩下的東西算是給你的補償。」然後就消失了。

後來，書生在乞丐的骨灰中發現了幾十顆水晶般透明的紫色舍利子。

仔細想想，在生活中，我們真的能做到書生這般尊重、善待他人嗎？善待他人，尊重彼此這句話說起來容易做起來難，在我們的生活中說這話的人有很多，但是能夠真正做到的人卻很少。

的確，有的時候我們靜下心來，仔細思考一下，就不難發現我們很少會讚美別人，在自己與他人的比較時，總是會先找到對方的缺點、不足，然後開始大肆地評論、批判，宣揚對方的缺點，在遇到別人成功完成某事後，有的人會在心裡說：「這有什麼啊，要是我的話，肯定能做得比他好。」

悅納他人就是善待自己——

放下成見，大度包容

而當一個人做事情失敗之後，有的人又會在內心裡說：「哼，看吧，我說他不行就是不行。」其實，在生活中還有很多這樣的情況，這都是因為在內心深處不願意看到他人的長處，不懂得善待、尊重他人的結果。

記得曾經有人說過：「善待他人就是尊重自己。」當然，這也是善待他人的真正含義。因為我們在給別人一片晴朗的天空時，會發現自己的天空也變得明媚起來。當一個人由衷發現他人的優點、好處和能力的時候，別人也會同時發現了你的優點、好處和能力。

雖然每個人的生活總是千差萬別的，人的能力也是各有不同的，但這其中的道理就跟我們的十根手指頭不可能是齊的一樣。每個人可能能力有所不同，但每個人都是必不可少的。當一個不如自己的人，透過自己的努力在做一件事情的時候，我們應該由衷的讚美一下，這對於我們來說可能不算什麼，但是對於受讚美的人來說，聽到這讚美之詞，會是一種怎樣的愉悅心情呢？當一個強於自己的人，輕易完成一件事情後，我們給他讚美的同時，我們也會發現他成功的原因，並且找到他強於我們的原因，那樣我們會要求自己朝著他成功的方向去努力的，這總比我們嫉妒他、不服氣他要好多了吧？

還有，當遇到一個做錯事情的人，特別是那種做錯事情又傷害我們的人，如果我們寬恕他，給他改過的機會，那麼我們得到的肯定不再是氣憤之類的感覺，讓別人能鬆口氣的同時也能讓自己輕鬆一些；當一個人遇到困難的時候，我們盡力幫助他，善待他，試想一下，當對方說謝謝的時候，你的內心肯定是甜蜜的。

不遷怒，不動心

世界上最無敵的有兩種人，一種是不怕死的，另一種是不動心的。

有人問孔子：你的弟子中哪一個最好學呢？孔子撫鬚微笑：顏回最好學，心平氣和，做人認真，可惜最是命苦，英年早逝。他死後，幾乎沒看到好學的人。

南懷瑾先生評價說，孔子顯然最得意的弟子便是顏回，因為聖人曾不止一次地稱讚過顏回的品性修養與人格魅力。在孔子看來，顏回一直踏實探求著做人做事的人生道理，不遷怒於人，不犯同樣的錯誤。

這樣的人太少見了。生活中，能夠做到像顏回一樣「制怒」的，恐怕很困難，因為怒氣向來是最難容忍的。

有一位青年脾氣非常暴躁、易怒，經常與人起爭執，所以很多人都不喜歡

他。有一天，這位青年到大德寺遊玩，碰巧聽到一位禪師正在說法，他聽完後受益匪淺，甘願痛改前非。

於是他對禪師說：「師父！我以後再也不跟人打架、發生口角了，免得人見人厭，就算是受人唾面，也只會忍耐地拭去，默默地承受！」

禪師說：「何必呢，就讓唾沫自乾吧，不要去拂拭！」

「那怎麼可能？為什麼要這樣忍受？」

「這沒有什麼不能忍受的，你就把它當做蚊蟲之類停在臉上，不值得與它打架或者罵它。雖受唾沫，但並不是什麼侮辱，微笑地接受吧！」禪師說。

「如果對方不是唾沫，而是用拳頭打過來時，那怎麼辦？」

「一樣呀！不要太在意！這只不過是一拳而已。」

青年聽了，認為禪師說得太沒道理，終於忍耐不住，忽然舉起拳頭，向其頭上打去，並問：「和尚！現在怎麼樣？」

禪師非常關切地說：「我的頭硬得像石頭，沒什麼感覺，倒是你的手，大概打痛了吧？」青年啞然，無話可說。

悅納他人就是善待自己——

放下成見，大度包容

心胸寬闊、心態平和的人是不可戰勝的。

面對別人的挑釁和辱罵，只要我們能夠平靜對待，不把它們放在心上，那麼所有的責難就會煙消雲散。

更有趣的是，當你視別人於無物的時候，往往會令對方毫無辦法、自討沒趣，很快便會悻悻然離開。有人說，世界上最無敵的有兩種人，一種是不怕死的，另一種是不動心的。

如果能以自己的不動應付對方的動，就像太極中的以柔克剛，無堅不摧，如此自己便到了無敵的境界。在平常的生活中，「不動」的境界通常被人們稱之為涵養。

我們常常因為一些對自己不利的事情而生悶氣，但生氣有什麼用呢？毫無利於解決生活中的問題，反而會讓自己的思緒紊亂，做出一些讓自己後悔終身的事情。

所以當你生氣時儘量克制一下自己，重要的是找出解決問題的方法，而不是不斷的追究為什麼如此，傷神也傷身。當別人的錯誤加諸於自己身上，也要制怒，不要用別人的錯誤來懲罰自己或其他人；自己有了錯誤，更需制怒，不要用自己的錯誤去懲罰不相干的人。

怒氣會傳染，克制不容易，無論發生什麼，都要時刻謹記不要遷怒於人。這個道理就像自欺欺人一樣，鬧得兩敗俱傷。

所以活著不必計算，更不必惦記一報還一報，逍遙一點，快樂一點，怨懟少了，別人舒服，自己也一樣舒服。

將心比心，怨親平等

一個人若能從別人的觀點來看事情，瞭解別人的心靈活動，就永遠也不必為自己的前途擔心。

兩千多年前，孔子的學生子貢問孔子：「有沒有一句話可以作為終生奉行不渝的法則呢？」孔子回答說：「其恕乎！己所不欲，勿施於人。」也就是說自己不喜歡的和不能接受的事情，就不要強加給別人。凡事要從對方的角度出發考慮問題，要學會多體諒一下別人，這是做人的根本原則和處世的原則。從中也可以看出一個人的個人修養。

老百姓遇事常說：「將心比心。」「人心都是肉做的。」這實際上正是在推行「己所不欲，勿施於人」的理念。

但遺憾的是，世道人心，往往反其道而行之。一般人恰好是自己不想做的事，就想讓別人去做；自己不想要的東西，就巴不得賣給別人。相反，自己想做的事，自己鍾愛的東西，就不願意與別人分享。之所以會如此，其根本原因在於凡事都很少為他人著想，而是為自己著想。追根究柢，還是自私狹隘之心在作怪。

戰國時期，楚梁兩國交界，兩國在邊境上各設界亭，亭卒們在各自的空餘土地裡種了瓜菜。

梁國的亭卒勤勞，鋤草澆水，瓜秧長勢喜人；而楚國的亭卒懶惰，不務農事，瓜秧瘦弱，與梁亭瓜田的長勢有天壤之別。楚國的亭卒心生忌妒，於是，乘著夜色，偷跑過境把梁亭的瓜秧全給扯斷了。

第二天，梁亭的人發現自己的瓜秧全被人扯斷了，氣憤難平，報告給邊縣的縣令宋就，請示將楚亭的瓜秧扭斷。宋就說：「這樣做雖然可以消氣，但是，我們明明不願他們扯斷我們的瓜秧，那麼為什麼還反過去扯斷別人的瓜秧呢？別人不對，我們再跟著學，那就太狹隘了。從今天起，每天晚上悄悄去給他們的瓜秧澆水，讓他們的瓜秧長得好。」梁亭的人照辦了。

漸漸地，楚亭的人發現自己的瓜秧長勢一天好過一天，每天早上給瓜秧澆水時發現瓜田都被人澆過了，經過暗查原來是梁亭的人在黑夜裡悄悄為他們澆

悅納他人就是善待自己——
放下成見，大度包容

的。楚國的邊縣縣令聽到亭卒們的報告後，感到十分慚愧和敬佩，於是把這件事報告給了楚王。

楚王聽說這件事後，感於梁國人修睦邊鄰的誠心，特備重禮送給梁王，以示自責，也以此表示酬謝，最後兩國成了友好的鄰邦。

人性往往是自私的，自己不願意的，總想推給別人，生活中與人相處，更多的時候我們需要克服這個弱點而不是滋生這種想法。

無論做任何事，我們都要設身處地去為他人著想。己所不欲，勿施於人。不要只為一點個人的小利益、小圈子而有私心或怨恨，若你也遭受這種待遇，滋味會是如何呢？

要做到「己所不欲，勿施於人」，就是將心比心，從對方的立場出發：自己希望怎樣生活，就想到別人也會希望怎樣生活；自己不願意別人怎樣對待自己，就不要那樣對待別人；自己希望在社會上能站得住，能通達，就也幫助別人站得住，通達。

美國的歐文梅說：「一個人若能從別人的觀點來看事情，瞭解別人的心靈活動，就永遠也不必為自己的前途擔心。」我們要學會體諒別人，站在別人的立場來看問題，這樣就可以減少生活中的摩擦，人與人之間的關係就會變得更加和諧。

從自己的內心出發，推及他人，去理解他人，對待他人。

要想釣到魚，就先問問魚想要吃什麼，不想吃什麼。生活中，許多人都有過釣魚的經歷和經驗。魚餌很重要，但它的選擇不是根據釣魚者的口味愛好，而是魚的愛好。世間萬物都是相通的。我們在與人交往中，特別喜歡結交那些瞭解自己，順著自己喜好的人。同樣，我們也應該站在對方的立場上，考慮他們喜歡什麼，不喜歡什麼。

為什麼要如此友善地考慮到其他人呢？

真正的原因是：你種下什麼，收穫的就是什麼。

播種一個行動，你會收到一個習慣；播種一個習慣，你會收到一個個性；播種一個個性，你會收到一個命運；播種一個善行，你會收到一個善果；播種一個惡行，你會收到一個惡果。

佛家云：「善惡自有報」。你不公平的對待別人，將來總有一天別人會將這種不公還於你，如此循環，「冤冤相報何時了」。你所釋放出來的每一種思想的後果，都會回報到自己身上。因為你對其他人的所有行為，以及你對其他人的思想，都經自我暗示的原則，而全部記錄在你的潛意識中，這些行為和思想的性質會修正自己的個性，而你的個性相當於一個磁場，把和你個性相近的人或情況吸引到你的身邊。

「己所不欲，勿施於人」是人生的大哲理，也是中華民族的傳統美德。將心比心，怨親平等，付出一份包容之心，寬恕的不僅是別人，還有自己。

不以「有色眼鏡」看人

勢利眼對別人是一種刺激，可以刺激別人發奮上進，但對自己卻是一帖毒藥，輕則傷害自己心靈，重則惹火上身。

明朝的馮夢龍曾警告世人：「不可以一時之譽，斷其為君子；不可以一時之謗，斷其為小人。」

其主旨在於看人不可以偏概全，不可以一時的榮辱取人。其實這是很難做到的，所以《大學》中有云：「好而知其惡，惡而知其美者，天下鮮矣。」而孔子卻做到了這一點。

傳說公冶長善於辨別鳥語。他生活貧困，經常沒有糧食吃。有一次，一隻鳥飛到他的房前，大聲對他鳴叫著說：「公冶長！公冶長！南山有個虎馱羊，爾食肉，我食腸，當急取之勿彷徨。」公冶長聽了之後，馬上跑到南山，果然看見一隻被虎咬死的山羊，於是拿了回來。

放下成見，大度包容

後來，羊的主人在公冶長家裡發現了羊角，就認為是他偷了羊，把他告到魯國國君那裡。公冶長將事情的經過說了一遍，但魯國國君不信他懂得鳥語，將他關進了監獄。而孔子知道他的秉性，為他向國君申辯，求情。魯國國君沒有理會。

過了幾天，公冶長在獄中，聽到上次那隻鳥又叫道：「公冶長！公冶長！齊人出師侵我疆。沂水上，嶧山旁，當亟禦之勿彷徨。」他聽後，馬上將此事報告給了國君，國君仍然不相信他的話，但還是派人前去查看，結果真的發現了齊國的軍隊，於是發兵突襲，取得大勝。因此釋放了公冶長，並給了他很多賞賜，還想讓他做大官，公冶長堅辭不受，因為他覺得憑自己懂得鳥語獲得官位是一種恥辱。孔子談到公冶長，說「可以把女兒嫁給他，他雖曾被關押，卻是無辜的」，於是就把自己的女兒嫁給了他。

公冶長是曾經蒙冤，雖然後來得到平反昭雪，但也難免會遭受世俗的歧視和一些諷言惡語，一般人避之唯恐不及。孔子超脫世俗之偏見，不以一時之榮辱取人，而且還把女兒嫁給了他。

說此話時，孔子是已經贏得了普遍的社會聲譽和有著身份地位的人。孔子能作出這樣的決定，在當時實屬難能可貴。社會已經發展了兩千多年，很多事情都已發生了翻天覆地的變化，但就「不以一時榮辱取人」這一點而言，人們仍然未能做到孔子一般，甚至還有越發後退之嫌。

在利益至上的當今社會，出現了越來越多的勢利眼，這些人看重的便是當下這一刻。

柏楊先生對於勢利眼有自己的看法：「勢利眼對別人是一種刺激，可以刺激別人發奮上進，但是對自己卻是一帖毒藥，輕則傷害自己心靈，重則惹火上身。」

無論對別人而言，是怎麼樣的效果，單從對自己的結果來看，勢利眼無疑是一個致命傷，而這種致命傷最直接的表現就是以貌取人。

從前有一位居士，常發願要見文殊師利菩薩，因此不時地廣行佈施，恤孤濟寡。每逢齋日，齋戒沐浴，嚴淨壇場，敷設高座，種種供養，至心懇禮文殊菩薩駕臨壇場，以滿所願。

有一次，見壇內高坐椅上，坐一老翁，不但邊幅不修，而容貌極其醜惡。豆大的眼眵，深黃的鼻涕，如弓的佝僂，似土的膚色，簡直形如夜叉，人鬼不辨。居士嚇得倒退一旁，並自思念，我每敷高座，莊嚴壇場，皆願求文殊師利菩薩光臨道場，慈悲一現。而今座上，究是何人？竟然膽大包天，敢於上座。遂走至座前，在氣憤之下便牽著老翁下座，並囑之曰：「請老翁自愛，下不為例。」

老翁毫無表情，立即悄然而去。

第二天，居士便淨備香花水果，前往寺中，恭獻佛前，虔禮默禱曰：「弟子某持此功德，願現世得見文殊師利菩薩。」事畢返家，晚間就寢，於夢中有人言：「你一向恭敬誠求，願見文殊師利菩薩。可是，你見之而不識，當面錯過，還求於何處得見文殊？」

居士曰：「我素來細心觀察，未見形影，究於何處得見，請君示知？」

夢中人言：「日前你嚴淨壇場，敷設高座，於高座上，坐一老翁，彼即文殊師利菩薩。」居士聞言及此，不覺全身急出大汗，自夢中醒來，遂向空中求乞懺悔。

生活中有一些人，便如同故事中的居士一樣，習慣於戴著有色眼鏡看人。他們把正直的人看成惡徒，把有才華的人看成窩囊廢。他們為此犯下了許多錯誤，同時也影響了正常的人際關係。

我們應摘下佩戴許久的有色眼鏡，丟棄以一時榮辱取人的舊習慣，看看這個世界本來的樣子，我們會發現人與人之間的關係原來也可以如此美好。

感謝你的敵人

人的一生，無論順利還是坎坷，註定要扮演「戰士」角色，與大大小小對手或「敵人」遭遇。

一位動物學家對生活在非洲大草原奧蘭治河兩岸的羚羊群進行過研究。他發現東岸羚羊的繁殖能力比西岸的強，奔跑速度也不一樣，平均每一分鐘要比西岸的快十三米。幾經努力，動物學家才明白，東岸的羚羊之所以強健，是因為在它們附近生活著一個狼群，西岸的羚羊之所以弱小，正是因為缺少這麼一群天敵。

大自然的法則就是「物競天擇，適者生存」沒有競爭，就沒有發展；沒有對手，自己就不會強大；沒有敵人，談什麼勝利。別再詛咒你的對手與敵人，應該感謝他們，是他們促成了我們的成長。

古印度有位英勇無敵的王子，某次征戰之後，率兵得勝回朝。在盛大的慶

功宴上，王子謙遜地舉起金杯，向前輩、大臣、在座的將士以及黎民百姓一一表示感謝，甚至連為他牽馬的僕人也沒忘記，這使得大家深深感動。

此時，旁邊坐著的老國王提醒道：「我的孩子，有一個最重要的人，你還沒向他致謝呢！」那王子怔了半晌，終想不出，只好向父王請教。

只聽老人一字一句地說：「你的敵人」。

人的一生，無論順利還是坎坷，註定要扮演「戰士」角色，與大大小小對手或「敵人」遭遇。戰場上的真刀真槍自不必說，哪怕是在和平年代裡，大到創新事業，小到一場牌局，同樣需要艱苦奮戰，才能穩操勝券。

在許多時刻，敵人和對手顯得比朋友更真誠，當他打敗你時，絕對不會留什麼情面。他嘲笑你時，那份冷酷刻骨銘心。是對手或敵人的強悍讓我們晝夜習武，練成一身好功夫；是對手或敵人的狡詐，使我們時刻保持警覺之心；是對手或敵人的強大鞭策我們臥薪嚐膽，韜光養晦；是對手或敵人的智慧激勵我們不斷學習、與時俱進；是對手或敵人的威脅警醒我們戰戰兢兢、如履薄冰；是對手或敵人的圍追堵截才使我們不斷自我否定和揚棄，才使我們打敗了真正的敵人——我們自己。但還有是對手或敵人的暫時的麻痹或解怠，才導致了我們的幸運和成功。

在第二十七屆奧運會上，孔令輝在男子乒乓球單打決賽中，艱難地以三比二戰勝瓦爾德內爾後，拿到了冠軍。全國人民為之歡呼雀躍，而主持人白岩松卻說了一句讓我們難忘的話：「我們感謝瓦爾德內爾。」

是的，正如主持人白岩松所說，有了瓦爾德內爾這麼一個強大的對手，和多年來瓦爾德內爾競技水準的不斷提高，才讓壟斷世界乒壇的大陸找到了真正意義上的對手。

生活中，競爭是無處不在的。正因為對手的存在，你才產生要打敗他而成為強者的念頭。這是人渴望勝利的本性，也是社會賦予人機會的條件。優勝劣汰，適者生存，這就是競爭，這就是要戰勝對手的根本原因。有些對手阻礙我們成功，所以我們追求成功；有些對手阻礙我們生活，所以我們偏要活下去。因為誰也不想被淘汰出局，所以我們在對手的激勵下變得越來越強大。

不過度，不強求，不忘形

豁達是一種情操，更是一種修養。

雨果說：「世界上最遼闊的是大海，比大海更遼闊的是天空，比天空更遼闊的是人的胸懷。」雨果所說的，正是那些豁達的人。

豁達是一種明智的處世方式，是一種人生態度，一種人生境界。

三伏天，寺院的草地枯黃了一大片。

「快撒點種子吧！」小和尚說。

師父揮揮手：「隨時！」

中秋，師父買了一包草籽，叫小和尚去播種。秋風起，草籽邊撒邊飄。

「不好了！好多種子都被吹飛了。」小和尚喊道。

「沒關係，吹走的多半是空的，就算撒下去也發不了芽。」師父說，「隨性！」撒完種子，跟著就飛來幾隻小鳥啄食。

「怎麼辦？種子都被鳥吃了！」小和尚急得跳腳。

「沒關係！種子多，吃不完！」師父說，「隨遇！」

半夜一陣驟雨，小和尚早晨跑進禪房：「師父！這下真的完了！好多草籽被雨沖走了！」

「沖到哪兒，就在哪兒發芽！」師父說，「隨緣！」

一個星期過去了，原本光禿禿的地面，居然長出許多青翠的草苗。一些原來沒播種的角落，也泛出了綠意。

小和尚高興得直拍手。師父點頭：「隨喜！」

「隨」是豁達的一種表現形式，它不是隨便，是順其自然，是不過度、不強求、不忘形。

擁有豁達的胸懷，便能擁有灑脫的人生。豁達決定著一個人的幸福生活，我們要做到讓自己的心豁達起來，就得明白一些人生道理。

豁達，需要你控制自己的欲望。我們擁有官能，必然存在欲望。合理地覓食求偶，無可非議，但欲望超出了一定的原則和範圍，就成了罪惡了。恣意縱欲，會污染人群、腐蝕國家。克制你的欲望，使之合理適度，這是使心歸於祥和平靜的一個重要法門。

豁達，讓你學會無私。一個為自己打算的人凡事斤斤計較，一遇報酬不相應，便會滋生被遺忘、被冷落、被否定的感覺，心理平衡與安寧必蕩然無存。只索取不奉獻，就會背棄自己作為社會成員應盡的責任。如此，固然省了精力，圖了輕鬆，得了財富，卻會為良心恒久的虧欠和懊悔所折磨；遭人白眼唾罵，更是損了人格，失了尊嚴。

豁達，需要自知之明。人們能否得到心靈豁達，能否正確評價自我和確立自我追求是很重要的。一個人評價自我，是透過認識自己的長處和短處來進行的。如果誇大長處，必會傲氣盈胸，自命不凡；誇大短處，則自慚形穢，自暴自棄。而只要自我評價一旦失真，人們通常就不知道自己應該做什麼和能做些什麼，在追求目標的選擇上就容易陷入盲目。

一個人只有自我評價恰如其分時，才能心寧情暢，不驕不躁，不亢不卑。因此生活目標就要適度。一種既能充分激發自己的潛力，經過努力又能達到的目標，將使人們內心堅定踏實，永遠充滿樂觀、自信、自尊與自豪。追求豁達的人，必然是一個積極、認真瞭解自己和切切實實瞭解了自己的人。豁達，讓你學會自省。人非先天就是聖人，心中難免會有各種不同的錯誤、暗淡、罪惡、虛偽等念頭。存有了這些念頭並不可怕，可怕的是放縱、任性和寬恕自己，從而造成惡性循環，永遠生活在黑暗中，最後被毀滅。

人應該經常反省自己，警惕自己，告誡自己，使這些念頭不重複而逐漸把它克服。一個人只有不斷地清洗自己的心，掃除思想上的桎梏和精神上的煙霧，才能擴大豁達的心。

豁達是一種情操，更是一種修養。只有豁達的人，才能真正懂得善待自己，善待他人，生活才能充滿快樂，這才是豁達人生。

守護自己心靈的花園

人們要學會經營和管理自己的心靈花園，
因為想要造就一座什麼樣的花園，選擇權在於你自己。

每個人的心靈都是一座獨特的花園，我們自己就是這座花園的園丁，這座花園裡的興衰榮敗由我們自己決定，我們在花園裡面播種什麼，就會收穫什麼。對於一個品德高尚的人，他的心靈花園裡長滿了馥鬱芳香的花朵、青翠挺拔的樹木、綠意盎然的小草，這一切顯得是那麼生機勃勃，讓每一個接近他的人，都被這心靈花園永遠的春意所感動，這個人給人的感覺永遠是那麼怡然自得、從容不迫，寬容豁達，同時這也是策勵人心向上的永遠的動力。

品德高尚的人離不開包容，離不開寬心，因為這是人類的美德，也是人類最為寶貴的意識。每一個人，都需要一顆包容的心，都需要寬心地生活。

包容是生命的根本機能，也是社會組織存在和發展不可或缺的機能。只要有一顆包容的心，相信很快就能感化別人，一旦對方感受到你的真誠，那麼生活將會越來越美好。

放下成見，大度包容

從前，在蘇伯比亞小鎮有一對鄰居，一個叫大衛，一個叫哈姆——但他們不是什麼好鄰居，雖然誰也記不清到底是為什麼，但事實是，他們彼此都不喜歡對方。他們之間時有口角發生，儘管在院子裡開剪草機修整草坪時，車輪常常碰在一起，但多數情況下雙方連招呼也不打。

有一年夏天，大衛和妻子外出度假兩周。剛開始，哈姆和妻子並未注意到他們走了，本來兩家勢如水火，注意他們幹什麼？沒看見他們反而清靜。

有一天傍晚，哈姆注意到約翰院子裡的草已經很高了。自家草坪剛剛修剪過，兩相比較，看上去特別顯眼。對於過往的行人來說，大衛和妻子很顯然是不在家的，而且已離開很久了。哈姆想，這等於公開邀請夜盜人戶，這太明顯了，於是一個想法像閃電一樣攫住了他。

哈姆又一次看著那雜亂無章的草坪，但心裡真不願去幫自己不喜歡的人。不管這種想法是多麼堅定，可要去幫忙的念頭卻揮之不去。

第二天早晨，哈姆起了個大早，趁自己還沒有開始猶豫的時候，就把那塊長瘋了的草坪修剪好了！自己看著修剪好的草坪覺得盜賊應該會知道家裡有人了，於是就離開了。

幾天之後，大衛和妻子度假回來了。他們回來不久，哈姆就看見大衛在街上走來走去，他在整個街區每所房子前都停留過。最後他敲了哈姆家的門，哈姆開門時，大衛站在門外盯著他，臉上露出奇怪和不解的表情。

過了很久，大衛才說話。

「哈姆，你幫我剪草了？」他問道。

這是他很久以來第一次叫哈姆的名字。

「我問了所有的人，都說是你剪的，是真的嗎？是你幫我剪草了嗎？」他的語氣幾乎像是在責備。

「是的，大衛，是我。」哈姆說。

大衛站了片刻，像是在考慮要說什麼。最後他用低得幾乎聽不見的聲音說了聲「謝謝」，馬上急轉身走開了。

大衛和哈姆之間就這樣打破了沉默。他們還沒發展到在一起打高爾夫球和保齡球的地步，他們的妻子也沒有為了借點兒糖或是閒聊而頻繁地走動，但他們的關係卻在改善。至少，當剪草機開過的時候，他們相互之間有了笑容，有時甚至還會說一聲「你好」。

說不定什麼時候他們會在一起聊天，誰知道呢？他們或許會分享同一杯咖啡，這只是遲早的事情。

這就是包容的力量。只要有一顆「包容」的心，一切都將會越來越美好。

所以，我們應該做一個辛勤負責的園丁，在我們心靈的花園裡選擇適合的種子，種子不一定要很名貴，但一定要對花園有益，因為種子正了，以後的樹才不會歪。就是一株再普通不過的小草，我們也要讓它鬱鬱蔥蔥。就像在生活中，如果你沒有什麼豐功偉業，只有平凡，那麼你要讓自己的人生寬容豁達。

也許是有人無意撒播，也許是有人惡意栽種，或許是一陣微風吹過留下的痕跡，我們的心靈花園會長出一些讓人不喜歡的雜草，那麼你就需要及時把它們除去，不要讓它蔓延開來，成為束縛你的心結；心靈花園也需要經常的澆水和施肥，這樣可以讓每一個區塊都茂盛，讓每一個區塊都芬芳。

那些名垂史冊的偉人，心靈的花園裡培植了名花名草，顯示出震撼人心的美麗和高貴，歷史雖然被塵封，但心靈的光輝卻依然閃爍，讓人永遠的記住了他們。

我們花園的每一個區塊都是世界上獨一無二的，我們要在思想區塊種上常綠的松柏，讓其堅韌挺拔；在情感區塊種上忘憂草，種上玫瑰花，種上康乃馨，於是我們就會因為愛和被愛而感動，浪漫的氣息環繞著我們，浪漫的情懷感染著我們。在文化區塊種上蘭花，種上文竹，種上所有清新淡雅的花草樹木，讓我們的心靈因為這些內容而充實；我們的心靈中還有許多區域，等待著種上迷人的花朵。所以說人們要學會經營和管理自己的心靈花園，因為想要造就一座什麼樣的花園，選擇權在於你自己。

我們都應該做一個辛勤負責的園丁，愛護自己的心靈花園，善待它，讓它因你而與眾不同，讓你因它而快樂幸福。

PART 3

事來則心始現，事去而心隨空——

放下芥蔕，人際長青

哲人説，沒有寬容就沒有友誼，沒有理解就沒有朋友。
寬容和理解是一種力量，是朋友之間的橋樑和陽光。
每個人都像一本書，讀別人，其實也是在讀自己。
讀真、讀善、讀美的同時，也讀真誠背後的偽善，
美麗背後的醜惡，微笑背後的狡詐……
讓我們以寬容理解的心去讀懂他人、讀懂自己，
我們才能和他人和睦共處，我們的人際之樹也才能長青。

人際和諧需要換位思考

要想知道別人的鞋子合不合腳，穿上別人的鞋子走一英里。

作家柏楊先生曾說過：「我們盼望的是，每個中國人都應有設身處地為別人想一想的教養。珍惜友情，愛護自己所愛的。除非必要，不再輕易托人帶東西、買東西，這也是一個開端。嗚呼，別把自己的面子，建立在困擾別人的行為上。」

在與人交往的過程中，應該學會換位思考，體會他人的情緒和想法、理解他人的立場和感受，並站在他人的角度思考和處理問題。

然而現實生活中，人們往往是自私的，普通人大都有這樣的通病：見不得別人的好，總想去破壞，常以不公平的行事對待其他人，結果，這種褊狹的行為，最終會使自己掉入「萬劫不復」的深淵。倘若，從現在起，摒棄私心，用己心推及別人，學會站在別人的立場上考慮問題，身邊的人就會集聚更多，進而交際圈也就會越來越廣，事業和人生也就越來越順利。設身處地站在他人的角度想問題，這是一個人成大事和獲取成功的關鍵。

事來則心始現，事去而心隨空——

放下芥蒂，人際長青

在中國歷史上，以少勝多的著名戰例屢見不鮮，官渡之戰就是其中之一。當時曹操僅有七萬兵力，袁紹卻有七十多萬兵力，兵力懸殊可見。為了避其鋒芒，曹操採納智者的謀略出奇兵火燒了袁紹的糧草重地，把袁紹打得落花流水。

由於倉皇出逃，袁紹竟沒有來得及處理那些重要密件，密件全部落入曹操手中，其中還有曹操手下一些將領因懼怕袁紹強大而暗中寫給袁紹的密信。許多忠將建議曹操把那些寫密信的人全部殺掉，以除後患。

聰明的曹操卻說：「大兵壓境，袁紹那樣強大，就連我也幾乎發生了動搖，不能堅定自己的意志，何況他人？」於是，他下令把所有的密信當眾火燒掉了。

正當那些寫密信的人心驚膽顫地等待處罰時，卻沒料到曹操如此的寬宏大量，不但沒有治罪於他們，還把他們通敵的證據全部燒毀了。這件事讓他們從內心深處對曹操感恩戴德，從此便死心塌地的為曹操賣力，一些敵對勢力的謀臣勇將聽說曹操如此大度不計前嫌，也都紛紛前去投奔，這樣，曹操的力量便越來越強大，手下謀臣將士如雲，他藉此很快打敗了那些割據一方的諸侯，統一了中國北方。

英國有一句諺語說得好：「要想知道別人的鞋子合不合腳，就穿上別人的鞋子走一英里。」人是感性的動物，對待事物，處理事情往往是以看到的景象，依照自己的價值觀和思維模式來判斷，因此對待別人與要求自己就有了雙重的標準，由此產生的衝突可想而知。

然而，若能設身處地站在他人的角度考慮問題，為別人想一想，便會減少很多不滿和抱怨，使自己的工作和生活氣氛輕鬆愉快，便會使人與人之間的關係變得平和美好。

人際和諧需要換位思考，如此，生活才能更加美好。

利他，方能利己

在危險之中，向你伸出援助之手的往往是你曾經幫助過的人。

敬人者，人敬之；愛人者，人愛之；損人者，人損之；欺人者，人欺之。所以，我們應該做到自利利他，不可損人利己。

利己是人與生俱來的本性，它歸根究柢是生存的需要。

但人是生活在群體之中的，單方的利己行不通，互相幫助更有利，幫助別人是幫助自己，於是產生了群體中利他的行為準則。

我們需要懂得這句話：「利他是利己的最高級。」

一個二十二歲開始創業開室內裝潢公司的女孩，三十出頭即已資產過億，她成功的第一祕訣是全心全意為客戶著想：

「想到顧客能夠把工作交付給我，我非常感激。拿到一個工程，本來我可選擇廉價材料，選擇價錢低的工人，但我知道這樣做的結果是失去更多機會。事實證明，後來許多人主動幫我推廣宣傳，是因為工程品質是人人看得見的。

「我很清楚，品質是我們的命根，所以我抓得很緊。有一年，我們接了一家工商銀行的工程，銀行的人去工廠購買石材，本來滿滿一車石材已經裝好了，但當工廠聽說是為我送貨，立即卸貨重裝，還說，她的貨可不好送，這樣的貨送去也得再拉回來。做一個工程，換下來的舊燈具完全可以當廢品賣掉，但我總是派兩個工人，清洗乾淨、包裝好後送還給顧客。同時，我在結算的時候儘量合情合理，當客戶知道一塊木板市場賣九十五元，而我們只收九十二元時，會認為我很實在，所以二期、三期工程都會交給我做。我認為獲取暴利是短視的行為，只有真心為別人著想，企業才能生命永存。」

的確，利他方能利己，也只有先利他，之後才能利己。

如果我們每一個人都能做到利他，那麼我們每個人也都會得到利益，這便是所謂的：「我為人人，人人為我。」因為我們在別人眼中也是「他」，對別人來說是利他，對自己來說就是利己。如果只是自私地考慮自己，從來都不去管他人，雖然你心裡認為是利己了，但其實受損的還是自己。因為我們也是別人眼中的「他人」，如果人人都不管「他人」，而只顧自己，那麼我們自己就成了人人都不管的「他人」，而只有自己去關心自己。

在危險之中，向你伸出援助之手的往往是你曾經幫助過的人。

一隻老鼠路過一片森林時，不小心掉進了一個深深的水坑裡，怎麼也爬不上來。牠吱吱地叫著，可是誰也聽不見。可憐的老鼠心想，這個水坑大概就是自己的墳墓了。

正在這時，一隻大象經過這裡，救了老鼠。

「謝謝你，大象。你救了我的命，我一定會報答你。」

大象笑著說：「你一隻小老鼠怎麼報答我呢？」

沒多久，大象不幸被獵人捉住了。獵人們用繩子把大象捆了起來，準備等天亮後運走。

大象傷心地躺在地上，無論怎麼掙扎，也無法把繩子扯斷。這時，小老鼠突然出現了，牠開始咬大象腳上的繩子，終於在天亮前咬斷了繩子。

「你看到了吧，一隻小老鼠也有派上用場的時候！」小老鼠對重獲自由的大象說。

事不關己，高高掛起，這其實是一種自私的行為，無形之中切斷了自己的退路，因為人與人之間是相互關聯的，有著密切的聯繫，自私就是孤立自身。在別人遇到危難時，予以漠視是人應該摒棄的一種行為。

其實幫助別人也可以有一份不一樣的收穫，當你身陷困境時，能幫得上忙的也許就是你曾經幫過的人。所以，行善也是在為自己積德。在這個群體共生、互助依存的社會上，只靠自己關心自己是不夠的，一個人的能力是有限的，需要借助他人的力量。因此，對於我們每一個人而言，利他方能利己。

相信他人不會違背自己的意願而去信任別人，這對於他人來說，得到了別人的肯定，無疑也為自己的內心注入了自信與動力。為了不辜負別人的信任，他會努力做好事情，由此會形成一個良性的循環。

同樣，對於生活中一件重大的事情，信任有可能使原本可能的干戈化為玉帛……每件事情的進行都有不同的處理方式，以信任為本，再難的事情也會迎刃而解。有時候一個眼神，一句溫暖的話語，也可以讓人心生信任，從而讓事情順利進行。

與人交往的過程中，你會發現信任會讓一切變得更容易。

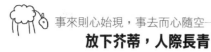

設身處地，感同身受

心中裝滿著自己的看法與想法的人，永遠聽不見別人的心聲。

一位名人說過：「我們每個人都是平等的，你只有用愛來交換愛，用信任來交換信任。」這句話蘊藏著與人相處的深刻哲理，生活中，我們都期待著他人的理解，其實，他人也期待我們的理解。人際關係中，很重要的一點便是學會去理解他人，站在他人的角度去思考問題。包容他人，放下自己，或許你就能發現不一樣的東西。

心理學上有個稱作「同理心」的有趣現象。「同理心」的意思是設身處地地理解他人的情緒，感同身受地明白及體會身邊人的處境及感受，並可適當地回應其需要。這也便是我們常說的「移情」，講的便是用心去感受他人的情緒和行動，一種換位思考的方法。

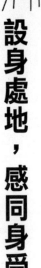

事來則心始現，事去而心隨空——

放下芥蒂，人際長青

從前有一個商人，平生愛吃美味的食物，因此他專門建造了一間特別大的廚房，聘請了很多的人手幫忙，這些人都有自己分內的工作，洗菜的只管洗菜，切菜的只管切菜，挑水的只管挑水，另外還有煮飯的、燒火的。

日子就這樣一天天地過去了，這些廚房裡的工人天天重複相同的事情，久而久之便產生了厭煩的心理，每個人都羨慕他人的工作又新鮮又有趣又容易。

富翁知道了這件事情，就突發奇想的讓大家交換工作，嘗試一下不同工作的滋味。這樣一執行，整個廚房就亂了手腳，只見大家一陣手忙腳亂，切菜的根本無法把火生起來，卻弄得滿屋子烏煙瘴氣；燒菜的去挑水不小心滑倒了，水撒了一地，弄得滿屋子濕漉漉的；挑水的去切菜被刀子割破了手，血流不止；洗菜的最後煮出一鍋半生不熟的米飯。

這樣忙活了一上午之後，富翁去檢查工作，結果飯沒做好，每個人還挨了一頓責罵，等到再重新恢復原狀之後，再也沒人對工作不滿了。

生活中，他人的工作和辛苦都期待我們去理解，我們在羨慕他們的同時，更應該試著去瞭解他們。如果我們只會站在自己的角度看問題，那麼我們永遠不知道別人在想什麼。這個世界上有很多問題，站在自己的角度去思考可能永遠不能瞭解或解決，而換個角度去思考就會發現一個全新的答案。

設身處地的為別人著想，往往能讓人非常感動，人與人之間的交往也會簡單很多。現在有一個很流行的說法是「理解萬歲」，一個人最大的痛苦之一就是沒人理解，如果我們能夠理解他人，那對於他人來說是一種莫大的幸福。

只有換位嘗試之後，才會更加珍惜自己的生活，也才能更好的理解他人的生活，挑水、切菜、燒菜、洗菜一樣都不可少，這需要一種合作，更需要一種理解。

在一次電視臺的綜藝節目中，主持人向嘉賓提了這樣一個問題：「賓館、酒店的電梯裡常會有一面大鏡子，大家知不知道這鏡子是幹什麼用的呢？」那些嘉賓有的回答說是「用來檢查一下自己的儀表。」有的說是「用來看看後面有沒有跟進了不懷好意的人。」還有的說「用來擴大視覺空間，增加透氣感。」……

答案有很多，但主持人說答案都不對，他一再啟發各個嘉賓，但仍不能說

事來則心始現，事去而心隨空——

放下芥蒂，人際長青

出正確答案，於是主持人說出了非常簡單的道理：「殘障人士推著輪椅進電梯時，不必費神轉身，就可以從鏡子裡看見樓層顯示燈。」

當嘉賓們聽到這樣的答案之後，都顯得有點尷尬，其中一位抱怨說：「我們怎麼未能想到這一點呢？」

是的，「我們」怎麼沒有想到這一點呢？

從自己出發，想到的永遠是自己，可是，社會不只是自己一個人。當天馬行空地說著我會怎樣的時候，我們問問自己有沒有去替別人著想。有一句哲語說的好，「心中裝滿著自己的看法與想法的人，永遠聽不見別人的心聲。」凡是能站在別人的角度為他人著想，這就是智慧。

一位智者曾經說過四句話：把自己當成別人；把別人當成自己；把別人當成別人；把自己當成自己。

細細品味，「把自己當成別人；把別人當成自己」講的就是人與人之間要相互體諒，理解別人就像理解自己一樣。這實際上就是一種換位思考，站在他人的立場來考慮問題。「人無完人，金無足赤」，每個人都不是盡善盡美的，在人際圈子裡面，每個人都難免犯錯，每每這個時候，我們應該放下憤怒，冷靜思考「他或許有什麼難言之隱？他是不是發生了什麼事，是不是我做錯了。」，如此種種，我們試著給對方多一點空間，也順便給自己一個亡羊補牢的機會。

我們常說，「知己知彼，百戰不殆」。在現實生活中，人人都有自己的利益，所以每個人都會從自己的角度來看問題，立場自然有所不同，因此也常常會發生矛盾。越是有矛盾，越是難以互相理解。如果能夠跳出這種思維模式，學會從別人的角度看自己，就會發現一個顛倒的世界，也會發現一個公平的世界。

愛是相互的，法國著名的哲學家盧梭說「當我們愛別人的時候，我們也希望別人愛我們。」同樣，當別人愛我們的時候，他們也希望我們去愛他們。給自己一個瞭解他人的機會，你的眼睛裡可能就不會再是烏雲密佈，你或許還能看到雨過天晴。

贈人玫瑰，餘香惠己

行善是一種維護人性的需要，是一種理智的投資。

生命因為有了愛而更加富有，因為付出了愛而更有價值，更為芬芳。在人際交往中，愛更是必不可缺的一個因素。

一個極其寒冷的冬日的夜晚，路邊一間簡陋的旅店來了一對上了年紀的客人。然而不幸的是，這間小旅店早就客滿了。

「這已是我們尋找的第十六家旅社了，這鬼天氣，到處客滿，我們怎麼辦呢？」這對老夫妻望著店外陰冷的夜晚煩惱的說。

店裡的小夥計不忍心這對老人出去受凍，便建議說：「如果你們不嫌棄的話，今晚就住在我的房間吧，我自己打個地鋪睡就可以了。」老夫妻非常感激，第二天要照店價付客房費時，小夥計堅決的拒絕了。臨走時，老夫妻開玩笑地說：「你經營旅店的才能真夠當上一家五星級飯店的總經理。」

「不敢當！起碼這份收入可以養活我的老母親。」小夥計隨口說，哈哈一笑。

沒想到兩年後的一天，小夥計收到一封寄自紐約的來信，信中夾有一張往返紐約的雙程機票，邀請他去拜訪當年那對睡他臥房的老夫妻。

小夥計來到繁華的大都市紐約，老夫妻把小夥計帶到第五大街和三十四街交匯處，指著一幢摩天大樓說：「這是一座專門為你興建的五星級飯店，現在我們正式邀請你來當總經理。」

年輕的小夥計因為一次舉手之勞的助人行為，美夢成真。

這就是著名的奧斯多利亞大飯店經理喬治・波非特和他的恩人威廉先生一家的真實故事。

我們當中許多人都聽過這個說法：「付出是它自己的回報。」

這當然是真的，而且比任何理由更值得付出，付出還有一面可能會讓人認不出來。付出是一種精力，不但幫助了他人，還為付出的人創造了更多。這是事來則心始現，事去而心隨空——

放下芥蒂，人際長青

一條真實的自然法則，不論付出的人想要什麼或究竟發生了什麼事。

靈魂最美的音樂是善良。如果你想要用愛或其他有價值的事物充實人生，也是同樣的道理。付出和回收是一體的兩面，如果你想要更多的愛、樂趣、尊重、成功或任何東西，方法很簡單：付出。

不要擔心任何事情，人在做天在看，你所付出的一切都會帶著利息一起回來！善良是不求回報的，當你做善事而心存回報的企圖時，善良已然變味。然而，當你用一顆無私的心去付出時，你收穫到的也將是累累的碩果。

幫助他人就是幫助自己，要時刻保持一顆同情心。我們不能對身處困境的人視若無睹，那種喪失了同情心的人同時也會把自己推進冷漠的世界。

俗話說，「投之以桃，報之以李」，今天你幫助他人，給予他人方便，他可能不會馬上報答，但他會記住你的幫助，也許會在你不如意時給你以回報。退一步來說，你幫助別人，他即使不會報答你的厚愛，但可以肯定的是，他日後至少不會做出對你不利的事情。如果大家都不做不利於你的事情，這不也是一種極大的幫助嗎？生活的目標是善良。

這是我們的靈魂所固有的一種感情。

行善是一種美德。善行既可以幫助身處困境中的人，又可以使自己的心靈得到安慰，使自己的修養得到提升。行善是一種維護人性的需要，是一種理智的投資。

在與人交往中，我們多付出一點愛，多行善，在善待他人的同時，我們也能收穫到別人的一份善意。

交友要親如蜜而淡如水

高明的人的原則就是：真誠但不和盤托出，親近但不過度親密。

交友要慎重，孔子給我們提出了「三損友」和「三益友」的概念。確實，古往今來，很多人不是栽在敵人手裡，而是在自己最好、最親密的朋友身上吃虧。正如在安全的地方，人的思想總是鬆弛的一樣，在與好友交往時，你可能只注意到你們友誼逐漸深厚，每天在一起無話不談。

對外人你可以驕傲地說：「我們之間沒有祕密可言。」但這一切往往會對你造成傷害。好友親密要有限度，切不可自恃關係密切而無所顧忌，正如中國的一句古話「見面只說三分話，未可全拋一片心」。南懷瑾先生提倡真誠，可是很多時候我們知道真誠卻往往受害。

所以高明的交友原則就是：真誠但不和盤托出，親近但不過度親密。如果太親密了，就可能發生質變，好比站得越高跌得越重。過密的關係一旦破裂，裂縫就會越大，好友勢必變成冤家仇敵。

每個人都有祕密，給對方一點保護他們祕密的空間，實際上就是給自己更大的空間。一個懂得尊重別人的人，知道怎麼讓別人尊重。

朋友要保守祕密並不是對你的不信任，而是對自己負責。

你同樣也需要保守自己的祕密，這一切並不證明你和好友之間的疏遠；相反，明智的人會認為，如此的友誼更加可靠。斤斤計較，你一定會失去好友。

同樣，在你的朋友覺得難為情或不願公開某些私人祕密時，你也不應強行追問，更不能私自以你們的關係好而去偷聽、偷看或悄悄地打聽朋友的祕密，因為保守祕密是他的權利。

一般情況下，凡屬朋友的一些敏感性，刺激性大的事情，其公開權利應留給朋友自己。擅自偷聽或公開朋友的祕密，是交友之大忌。

此外，對朋友放肆無禮，最容易傷害朋友，也容易傷害到你自己。其表現有如下幾種，不可不小心約束。

一、說話不經過大腦，使朋友的自尊心受到傷害

與朋友在一起時，如果你鋒芒太露，表現自己，言談之中會流露出一種優越感，這樣會使朋友感到你在居高臨下的對他說話，在有意炫耀、抬高自己，他的自尊心會受到挫傷，不由產生敬而遠之的意念。所以，在與朋友交往時，要控制情緒，保持理智平衡、態度謙遜、虛懷若谷，把自己放在與人平等的地位，注意時時想到對方的存在。

二、侵犯了朋友的個人空間，使朋友對你產生防範心理

朋友間最不注意的是對朋友物品處理不慎，常以為「朋友間何分彼此」，對朋友之物，不經許可便擅自拿用，不加愛惜，有時遲還或不還，朋友一次兩次礙於情面，不好意思指責，但久而久之便會認為你過於放肆，產生防範心理。

三、自認為可以對朋友做隨意的要求，使朋友認為你太無理、霸道

當你有事需求人時，朋友當然是第一人選，可你事先不通知，臨時登門提出所求，或不顧朋友是否情願，強行拉他與你一起去參加某項活動，這都會使朋友感到左右為難。他如果已有活動安排，不便改變，就更難堪。對你的所求，若答應則打亂了自己的計畫，若拒絕又在情面上過意不去。或許他表面上樂意而為，但心中總有幾分不快，認為你太霸道，不講道理。所以，你對朋友有所求時，必須事先告知，採取商量口吻講話，儘量在朋友無事或情願的前提下提出所求，同時要記住：己所不欲，勿施於人。

四、對別人的暗示，不加注意，使朋友對你感到厭嫌

當你上朋友家拜訪時，若遇上朋友正在忙，或正在接待客人，或正和戀人相會或準備外出等，你也許自恃摯友，不顧時間場合，不看朋友臉色，一坐半天，誇誇其談，喧賓奪主，卻不管人家早已如坐針氈，極不耐煩了。這樣，朋友一定會認為你太沒有教養，不識時務，不近人情，以後就會想方設法躲避你，害怕你再打擾他的私生活。

五、誇大你們之間的關係，使朋友感到你是輕佻之人

你可能由於虛榮心所驅，也可能交友心切，認為交友愈多，本事愈大，人緣愈好，往往不加選擇，泛認知己。此時，你的朋友已在微微冷笑，認為你是朝三暮四的輕佻之人，不可真心相處，你反而會失去真正的朋友。所以，交朋友，理應真誠相待、感情專一，千萬不可認為泛交會使自己顯赫。

或許，任何人都有過這樣的經歷和感覺，覺得和某個人或某幾個人很是投緣，談得來，坐在一起便覺得心裡熱乎乎的，總有說不完的話，捨不得分開，甚至近似癡狂，只願形影不離才好。然而，這種交往甚密的結局往往是令人傷心的分離，而且很可能造成難以癒合的創傷。其實，傷口一旦產生，無論癒合得怎樣好，也難免會留下疤痕，恰似瓷器上無論怎樣細的一道裂紋，總會留下一道陰影，抹不去，擦不掉。這不就是失了分寸的緣故嗎？

交友不能太疏遠也不能太密切。應該是心裡有友，但不侵犯別人的生活，也就是所謂的「親如蜜而淡如水」，親得像蜜一樣，形容關係好，但是「淡如水」，讓彼此都很自由。

捨得一點諒解，收穫整片天空

諒解是痛苦的停損點，你什麼時候學了諒解，也就遠離了痛苦。

悲觀主義者們認為，活著本是一個克服痛苦的過程，欲望根植著痛苦，欲望不止痛苦不止，樂觀的人則會苦中作樂，品出甘苦背後的甜。

然而，無論事實怎樣變換，人們都在尋找著痛苦的出口。縱觀各種人的痛苦，我們不難發現，痛苦是自身對自身的束縛，當任何事不如己願時都會造成痛苦，這主要是我們不肯諒解，不肯放下的緣故。

有一次蕭伯納正在街上走著，被一個冒失鬼騎車撞倒在地上，幸好並無大礙。肇事者急忙扶起他，連聲抱歉，蕭伯納卻為這個撞到他的幸運的冒失鬼詼諧地解圍，說：「可惜你運氣不好，如果把我撞死的話，你很快就會在四海揚名了。」

放下芥蒂，人際長青

忍著疼痛寬慰別人，也使自己的胸懷更加寬廣。如果，你諒解他人，他人則不會給你帶來痛苦；如果，你諒解自己，自己也不會因情緒的糾結而痛苦；如果你諒解目光所及的一切，一切都不會給你帶來痛苦。諒解是痛苦的停損點，你什麼時候學了諒解，也就遠離了痛苦。

北宋名將狄青和猛士劉易之間有一段這樣的故事：

有一年，狄青要出守邊塞，他的好朋友韓將軍向他推薦了一名猛士，這名猛士叫劉易。劉易熟知兵法，善打惡仗，對狄青守衛的那段邊境的情況非常熟悉，狄青帶他一起到邊境去十分必要。但是劉易有個不良嗜好，就是特別愛吃苦蕒菜，一頓飯吃不到苦蕒菜就會呼天喊地，罵不絕口，甚至還會動手打人，士兵、將領都怕他。劉易和狄青一起到邊塞後，忙於軍務，每天早起晚睡，從內地帶的苦蕒菜很快就吃完了，而邊塞又找不到這種野菜。這天，士兵送來的菜裡缺少了苦蕒菜，劉易便把盛飯菜的器皿扔到地上，並在軍營中大鬧不止。士兵將此事情報告給狄青，狄青聽了非常生氣。

就這種情況而言，劉易這樣的人是絕不能留在戍邊軍隊中的，但劉易又確實與眾不同。狄青考慮，與這種性格剛烈的人發生正面衝突，不僅破壞了自己與韓將軍的朋友關係，還會影響劉易的情緒；如果放任不管，勢必會動搖其他士兵的軍心，影響戍邊大業。於是，狄青出面好言安撫劉易，並立即派人回內地去取苦蕒菜。一部分將領見這種情況，非常不服氣，說狄將軍驍勇善戰，屢建奇功，而劉易何德何能，卻要狄將軍放下軍務派人去給他弄苦蕒菜吃。特別氣盛的將領還想去與劉易比一比武藝，殺一殺劉易的威風。

狄將軍急忙勸阻眾將說：「劉易原來不是我的部下，如果你們與他計較，爭強鬥勝，傳出去勢必會給敵人以可乘之機。我們現在要加強團結，絕不能爭一時之短長。」當這些話傳到劉易的耳中時，他非常感動。狄將軍派人專程去弄苦蕒菜，劉易覺得自己獲得了同情和理解；狄將軍勸阻將領勿爭強鬥勝，劉易覺得是真正顧全大局，寬宏大量。在這種情況下，自己不該再給非常忙碌的狄將軍添麻煩。

過了幾天，劉易懊悔地去找狄青，說：「狄將軍，你治軍嚴整，我在韓將軍手下時就有耳聞。這次我因這麼點小事就大鬧，你不僅不責怪我，還原諒了我，我一定會報答你。」從此，劉易再也沒為苦蕒菜鬧過事，並且逢人便誇狄將軍的寬闊胸懷。

善於處世的人，常常更多地體諒別人，巧妙地表達自己的思想，並給他人留有餘地。不與別人計較一時之短長，這樣就可以團結大多數的人，在大家的幫助下實現自己的目標。狄青在這方面的智慧體現得淋漓盡致，他不僅僅收服了劉易，還收服了其他將領、士兵，這是我們每個人都應該學習的。

諒解不是語言上說說就算的事，真正的諒解是從內心裡不計較。

諒解，需要真誠地接受；諒解，需要坦然地忘卻；諒解，需要有退一步海闊天空的胸懷。朋友間的諒解，是一笑泯恩仇的釋然；親人之間的諒解，是親緣的無可割斷；夫妻間的諒解，是吵過嘴後輕輕遞給對方的那杯香茶；同事之間的諒解，是大家同心協力完成工作。學會了諒解，才會真正明白什麼叫「反觀自己難全是，細論人家未盡非」。學會了諒解，你才能真正享受到「處處綠楊堪繫馬，家家有路到長安」的瀟灑。

歡樂不分大小，朋友不分貴賤

真正的友誼可以跨越任何距離，使心與心相通，讓不同生活環境的人獲得心靈交流的樂趣。

人人都希望有真摯的友情，友情如甘露滋養乾涸的心靈，如美妙的音樂填滿心靈的寂寞。友情不能用金錢度量，於利益無關。所謂友情，是平等的人們之間離開了利益關係的交易。真正瞭解友情的真味的人，不會因為一個人道德低下有高貴的身份地位就極力去巴結，也不會因為一個人有高貴的靈魂卻生活困窘而不屑一顧。

一九六〇年，胡適心臟病復發住進了台大醫院。原清華大學校長梅貽琦也在鄰室住院，一天，梅貽琦的夫人送芝麻餅請胡適吃。胡適拿著餅與高采烈地到梅貽琦的病房說：「這是我的朋友袁飈的傑作，你們怎麼認識他的？」

梅貽琦為老朋友的孩子般的天真哈哈大笑，反問說：「臺北那麼多賣芝麻餅的，都是你的朋友呀？」看到這個故事的人往往都很意外，一個是「中央研究院」院長，一個是揹著鉛皮桶在臺北街頭賣芝麻餅的小販，他們怎麼會成了朋友？事情要追溯到一九五九年。

那一年的十月二十三日，胡適收到了一封來信，寫信人署名袁廞。袁廞是江蘇清江人，曾在上海一所中學念到了高中二年級，一九四九年流落臺北，屢屢遭遇坎坷，只得靠賣芝麻餅為生。儘管生活窘迫，袁廞卻很愛讀書，尤其喜歡研究英美政治制度。袁廞遇到幾個無法解答的問題，便向最精通英美政治制度的胡適求教：「英國為君主制，美國為民主制，實質上是否相同？在組織上，英國內閣制與美國總統制，是否以英國的較好？」

一介布衣與素不相識的大學者探討，袁廞對胡適是否會回應沒有抱多大希望。然而僅僅兩天後他就收到了回信：

袁廞先生：

謝謝你十月二十三日的長信。我細細讀了你的信，很誠懇地感謝你在辛苦做餅、烤餅、賣餅的生活之中，寫這一兩千字長信，把「積在心中多年的話，一直沒有向旁人提起過」的話寫出來寄給我。

你提出的問題太大，我很慚愧，我不能給你一個可以使我自己認為滿意的解答。我只能說，你說的英國制度和美國制度其實沒有什麼大分別。你信上敘述的那個「杜魯門沒有帶走一個人」的故事，也正和邱吉爾在一九四五年離開頓寧街十號時沒有帶走一個人，是一樣的。我還可以說，我們這個國家裡，有一個賣餅的，每天背著鉛皮桶在街上叫賣芝麻餅，風雨無阻，烈日更不放在心上，但他還肯忙裡偷閒，關心國家的大計，關心英美的政治制度，盼望國家能走上長治久安之路——單只這一件奇事，已夠使我樂觀，使我高興了。

如有我可以幫你小忙的事，如贈送你找不著的書之類，我一定很願意做。

祝你安好。胡適四八，十，廿五夜

從這封信裡，我們看到了胡適對上進青年的愛護和殷切的鼓勵，一段大師與小販的友誼由此開始。不久，胡適邀請袁瓞到「中央研究院」去做客。胡適用接待所有的人包括達官顯貴的熱情，接待袁瓞；樸實的袁瓞用手巾包來了幾個黃燦燦的芝麻餅送給胡適品嘗。胡適接過芝麻餅，香噴噴地嚼著，對袁瓞的手藝大加讚賞，兩人就像相識多年的老朋友，親熱地交談起來。

胡適貴為博士，位列高官，卻不以與身居茅屋的小販相交為侮，還對他讚揚有加，足以讓一些只會打著友情的旗號趨炎附勢者汗顏。他與袁瓞的友誼證明，真正的友誼可以跨越任何距離，使心與心相通，讓不同生活環境的人獲得心靈交流的樂趣。會享受這種樂趣的，不僅胡適一人，愛因斯坦也曾以與一位園藝工人討論演奏小提琴為樂。

愛因斯坦因提出相對論而成為舉世聞名的科學家。為了科學研究，他的愛好只保留了兩項，一個是散步，一個就是拉小提琴。在小提琴悠揚的旋律中，愛因斯坦如癡如醉。

「先生，有一個音是不是拉得太高了？」說這話的是位園藝工，他每週來一次愛因斯坦家幫忙修剪草坪什麼的。他長相粗鄙，一看就知道是個缺乏文化素養的勞動者，天知道他是怎麼通曉音樂的。愛因斯坦這陣子也老覺得自己拉得走調。他聞聲停了下來，饒有興致地向園藝工討教起來。

過了一個星期，又到了園藝工上門的時間，他如約向愛因斯坦家走去，卻見愛因斯坦笑眯眯地恭候在門口了。「你再聽聽我拉的小提琴怎樣了。」愛因斯坦說完就拿起了琴弓。聽完演奏，園藝工又認真地提了些意見。愛因斯坦像個小學生似的邊點頭邊思考。園藝工人突然意識到了什麼。

「愛因斯坦先生，我對音樂並非全懂呀！你對拉小提琴如此喜歡，去請一位專家來指導不是更好嗎？」園藝工不好意思再當科學家的老師了。

「不，」愛因斯坦連連搖頭說，「我找過他們，但他們總是誇獎我……」

兩人就這樣成了朋友。有一次，美國總統打電話來，要拜會愛因斯坦先生。

「我另有約會，請改日再來吧！」

愛因斯坦說的這個約會，其實就是那位園藝工人要來修剪草坪。

愛因斯坦的琴聲打動了園藝工的心扉，他的坦言又使愛因斯坦接納了一份真誠。兩顆坦誠的心一拍即合，共譜了一首友誼之曲。

就如同歡樂不分大小，朋友也沒有貴賤之說。所謂的高低貴賤的想法，只能使人與人的距離越來越遠，使本就孤單的心靈更加孤獨。平等、真誠的對待別人，才能得到同樣真誠和善的心靈的回應。

悅納不完美的朋友

人無完人，再好的朋友也不可能讓你處處滿意。

世界名著《包法利夫人》作者是十九世紀法國批判現實主義作家福樓拜，他的家當時坐落在摩里略鎮，是同時代法國作家龔古爾、都德、莫泊桑、梅里美等利用星期日經常聚會、討論的地方。

後來，福樓拜家的客廳裡又多了一個新面孔，他就是被稱為「小說家中的小說家」的屠格涅夫，他的小說語言純淨優美，結構簡潔嚴密。作品充滿詩意的氛圍和淡淡的哀愁，給人無盡回味。《最後一課》的作者都德見到了僑居法國的屠格涅夫後，向他傾訴了自己對他的才華、人品的無限仰慕及對《獵人筆記》的高度讚賞。自此，二人結下了深厚的友誼，屠格涅夫甚至成了福樓拜家裡的常客。然而，屠格涅夫並不因為他們之間的友誼而改變他對都德著作的評價。在他看來，都德是他們圈子裡「最低能的一個」，但他只把這個看法當作內心的一個祕密寫進心愛的日記裡。一八三三年，屠格涅夫因脊髓癌病逝了。當都德無意間發現了這個祕密時，感到萬分意外，就像迎頭挨了一記悶棍似的，他感慨地說：「我始終記得他在我的家裡，在我的餐桌上，怎樣溫柔熱情地吻著我的孩子們的事，我還收藏著他寫給我的無數親切可愛的信件。但在他的那種和藹的微笑下卻隱藏著這樣的意念。天哪！人生是怎樣的奇怪，希臘人的所謂『冷酷』兩字是多麼的真實！」

這種友情的幻滅當然使都德很傷心，但在屠格涅夫方面，卻並無他的不是處。因為他將友情和作品分離了，他對都德，甚至對他的孩子有友情，但是不滿意他的作品，所以才在背後說出那樣的話，如果不是為了友誼，屠格涅夫也許當面就向都德說了。這樣一來，都德早就和屠格涅夫絕交，也不至於有死後這樣的幻滅了。

能力和才華不是選擇朋友的最高標準，只要投緣，只要夠朋友，這些就顯得不重要了。人無完人，再好的朋友也不可能讓你處處滿意。那就讓你的不滿成為內心的祕密吧，因為朋友知道後，也許會離開你，那樣會使你更加痛苦。

事來則心始現，事去而心隨空——
放下芥蒂，人際長青

在參加《新青年》編輯工作時，魯迅認識了劉半農，並和他成了好朋友。對劉半農的為人，魯迅極為讚賞，認為他勇敢、活潑、對人真誠，用不著提防。但同時，魯迅也發覺他有些「淺」。

將劉半農與陳獨秀、胡適進行比較後，魯迅說，劉半農雖淺，卻如一條清溪；如果是爛泥的深淵呢，那就更不如淺一點的好。不料，如此熱情洋溢的評論卻傷害了劉半農，因為他有自卑情結。對劉半農的這種心理，魯迅表現出了明顯的憎惡。但他說：「這憎惡是朋友的憎惡。」

對友人，開口之前，我們要三思，但一言既出，就坦然面對吧。從另一方面來說，這也是對彼此交情的一種考驗，連幾句話都承受不了的交情，畢竟是脆弱的。

所以，朋友也不是十全十美的，所有的朋友也都不是你想像的那個樣子，既然是朋友，就得包容他，理解人與人之間的不同，不要對朋友太過苛求。

待人以寬，於有疑處不疑

誰也不會為陌生的事物打包票，要做到於有疑處不疑，但前提是你要對此人有充分的瞭解。

《胡適全集》中有這樣一句話：「做學問要在不疑處有疑；待人要於有疑處不疑。」善「疑」既是好事，又是壞事。在做學問時多幾點疑心，能探究出前人治學的失誤和不足；但是與人相處要是疑心重，就會把自己置於疑神疑鬼的雲霧中，覺得人人都不可信，其他人也會對你敬而遠之，不付出真心。有學者認為，動輒投以人研究的眼光，不是真聰明人所為。真正大智慧者，會待人以寬，於有疑處不疑。

武則天當政時期，曾下詔禁止天下屠殺牲靈、捕撈魚蝦，弄得王公大臣宴請賓客只能吃素席，不敢帶有一點葷腥。朝中有個叫張德的人，官為左拾遺，一貫受到武皇的信任。在他兒子出生後的第三天，親友、同僚紛紛前去祝賀。

張德覺得席上都是素菜實在過意不去，便偷偷地派人殺了一隻羊，做了一些帶肉的菜，並包了一些羊肉包子讓大家吃。在他的同僚中有個叫杜肅的，官拜補闕，見席上有肉，以為張德違犯了皇帝的詔旨，頓生惡意。臨散席時，他悄悄將兩個肉包子揣在懷中。散席之後，便去武皇那裡告了黑狀。

第二天早朝，武皇處理完政事之後，突然對左拾遺張德說：「聽說你生了個兒子，我特向你表示祝賀。」張德叩頭拜謝。武皇又說：「你那席上的肉是從哪裡來的？」張德一聽，嚇得渾身哆嗦，他知道，違詔殺生是要犯死罪的，故連連否認道：「為臣不敢！為臣不敢！」武則天見狀，微微笑道：「你說不敢，看看這是什麼？」說著，便命人將杜肅寫的告狀奏章和兩個肉包子遞給了張德。張德一見，面如蠟紙，不停叩頭說：「臣下該死！臣下該死！」

此時，告狀的杜肅，站在一旁洋洋得意，等候封賞。武則天對這一切，早已看在眼中，稍稍一停，便對張德說：「張德聽旨：朕下詔禁止屠殺牲畜，紅白喜事皆不准腥葷。今念你忠心耿耿，又是初犯，也就不治你罪了。」張德聽後高聲喊道：「謝主隆恩！謝主隆恩！」而杜肅卻嚇得瞪大了眼睛。

只聽武皇又道：「不過，張德你要接受教訓，今後如再請客，可要選擇好客人，像杜肅這種好告黑狀的人，可不要再請了！」

一時間，張德感激得痛哭失聲，諸大臣見武皇如此忠奸分明，不信讒言，用人不疑，便一起跪倒在地，高呼：「吾皇萬歲！萬歲！萬萬歲！」而那個告狀的杜肅，在眾人不屑一瞥的目光下，羞愧得無地自容，武皇「退朝」二字剛一落音，便趕緊溜走了。

杜肅向武皇告狀，本是為了顯示自己對主子的忠誠，維護武皇的威嚴，按理應得到封賞；張德違抗聖旨殺生，按理應當處以死罪。沒想到武則天使用了靈活的政治手腕，戳破告密者的真面目，對倚重的忠誠給予了充分的信任，於是一位忠奸分明、不信讒言、用人不疑的君主的高大形象便在眾人心目中牢固地樹立起來了。

生活中，與人相處，我們都應該學會待人以寬，於有疑處不疑，這樣才能使我們的人際之道更加和諧暢通。

難有是知己，得一必珍惜

人生得一知己足矣，斯世當以同懷視之！

人生在世，總得與人打交道，你的交際圈子往往決定著你的成功。有些人很善於說話辦事，八面玲瓏，可聚四海賓朋，無事時高朋滿座，但一旦自己陷入困境時，則無人來助。交際場上大多是這樣，失意時得到的朋友，得意時還會追隨。但得意時交到的朋友，在失意時往往會離你而去，那些沒有離你而去的可稱為你的摯友，甚至是知己。

我們有句老話：「人生得一知己，死而無憾。」任何一個人做了一輩子人，包括你的最親的家人在內，都不一定是你的知己，所以人生難得一知己。

子期、伯牙的相遇是一段傳奇。伯牙一曲高山流水，與子期共用，不管滄海桑田，還是天上人間，他們用分享譜寫了生命的樂章。

俞伯牙是春秋時期著名的音樂大師，被稱為「琴仙」。這一日他坐船來到川江峽口處，突遇狂風暴雨。

船夫速將船搖到一山崖下拋錨歇息，雨過風停，伯牙見這高山之間的川江有別樣的風韻，不禁犯了琴癮，就在船上借此情景彈奏起來。他正彈到興處，突然琴弦斷了一根。猛抬頭，見不遠處的山崖上有個樵夫，正立在那裡注目聆聽！伯牙問道：「小哥怎麼會在此處。」

那人答道：「小人打柴被暴雨阻於此崖。雨停正要回家，忽聽琴聲一片，不覺聽上了癮！」

見樵夫如此說，伯牙高興地問道：「你既然聽琴，可知老夫適才彈奏的是什麼曲子？」

樵夫說道：「略知一二，方才大人所彈，乃是您見到山中川江在雨後的感慨。大人的琴音是那般昂揚雄偉，就像那巍峨的高山！有的琴音是那樣浩浩蕩蕩，就像滔滔流水！」

俞伯牙心內一驚，心想；他比我自己的體會都深！遂驚喜萬分，急忙推琴而起，拱手作禮道：「真是荒山藏美玉，黃土埋明珠！老夫遊盡五湖四海，遍訪知音，今得遇小哥，此生心願已了！」遂促膝談心。

俞伯牙才知道鐘子期雖是個樵夫，可是學識淵博，深諳樂理，具有高尚的志趣和情操，便拉他面對青山作拜，結成刎頸之交。

然後伯牙將自己剛才所彈一曲取名《高山流水》，以紀念與子期之交。次日，豔陽高照，長江口兩人灑淚而別。約定來年春暖花開之際在此聚首，以敘衷腸。時間飛逝轉眼到了約定日期，俞伯牙又駕舟來到長江口，卻不見鐘子期來與他會面。

一打聽才知道，子期已於年前病逝！伯牙聽了頓時熱淚長流。

來到子期的墳前，一曲《高山流水》之後，伯牙淚流滿面地說：「從此知音絕矣！」說完，他拿起琴，朝鐘子期墓前的石頭用力一摔，琴身粉碎。

從此俞伯牙終生不再彈琴。

山青青，水盈盈，彈一曲《高山流水》，震徹群山，激揚層浪。於是俞伯牙與鐘子期共同欣賞這份相遇相知的真情。人生得一知己足矣！那份默契與和諧是上天鑄就的。

伯牙摔琴謝知音，一段催人淚下的故事，讓人體悟到知己的可貴。魯迅先生對瞿秋白以「人生得一知己足矣，斯世當以同懷視之！」贈之，聞之讓人心生羨慕。

確實，人不可能開著天窗過日子，不和任何人往來，只要生活在這個世界上，就要與人接觸，就要懂得與人交往，特別是辦事時，需要有良好的人際關係，否則真是寸步難行。

因此我們在經營良好人際關係的同時，別忘記友誼本身的魅力，真正交幾個可以進行心靈交流的好朋友。畢竟人世間有太多空虛傷痕，太多孤獨苦痛；太多憂鬱失落，太多傷心故夢；太多悲歡激動，太多開心傷心；需要一個知心人與你共同分擔，也只有知心人才會陪著你一起心痛，陪你共同抵禦這世間的風雨寒冷，你的心便不會再覺冰冷一片。

人生難得一知己，得一就要珍惜。

做個有心人，讀懂他人心

無論做什麼事，對什麼人，只有先察言觀色一番，摸清對方的心思後，再付諸行動，才能做到得心應手，萬無一失。

在我們平時的生活中，往往會因為不懂他人的心思，而發生說錯話或做錯事的情況，這種時候，不僅傷害了別人，也對自己不利。我們如何避免這些不愉快呢？讓我們先來聽聽孔子的教誨吧！

一次，孔子的學生子張問老師怎樣才可叫通達。孔子沒直接回答，而是先反問子張所說的「通達」是什麼意思。子張說：「在邦必聞，在家必聞。」意思是說在朝廷裡必定有名聲，在家也有名聲。孔子道：「是聞也，非達也。夫達也者，質直而好義，察言而觀色。慮以下人，在邦必達，在家必達。」意思是說，僅有名聲，並不是通達。真正的通達是：品質正直，懂禮義；善於觀察別人講話的臉色；常考慮如何謙恭待人，這種人在朝廷必定通達，在家裡也必定通達。從這段話中，我們看到，想要通達其實不難，學會察言觀色就行。

俗話說：「出門看天色，進門看臉色。」無論做什麼事，對什麼人，只有先察言觀色一番，摸清對方的心思後，再付諸行動，才能做到得心應手，萬無一失。

康熙到了晚年，忌諱人家說老。如果有誰說老，他輕則不高興，重則要讓對方觸黴頭。左右的臣子都知道他這個心思，一般情況下都儘量迴避說老。

有一次，康熙率領一群皇妃去湖中垂釣。不一會兒，漁竿一動，他連忙舉起釣竿，只見鉤上釣著一隻老鱉，心中好不喜歡。

誰知剛剛拉出水面，只聽「撲通」一聲，鱉脫鉤掉到水裡又跑掉了。康熙長呼短歎，連叫可惜，在康熙身旁陪同的皇后見狀連忙安慰說：「看樣子這是隻老鱉，老得沒牙了，所以銜不住鉤子了。」

話未落音，旁邊另一個年輕的妃子忍不住大笑起來，而且一邊笑一邊不住地拿眼睛看著康熙。康熙見了不由得龍顏大怒，他認為皇后是言者無心，而那妃子是笑者有意，是含沙射影，笑他沒有牙齒，老而無用了。於是，他將那妃子打入冷宮，終生不得復出。

故事中，雖然皇后也說了「老」字，似有觸犯了康熙對「老」字的忌諱，但是，皇后只是就鱉跑了這件事情給康熙皇帝一個安慰，她說話的時候也比較真誠，沒有取笑康熙老了之意。而旁邊的妃子聽到皇后如是說後，把皇后說的話聯想到了康熙的身上，由此才發出笑聲，她並沒想到，這樣的笑聲讓康熙很不舒服，很明顯的感覺她是在笑自己就像是一隻沒牙的老鱉一樣。正所謂「說者無心，聽者有意」，那個妃子的一笑便落得個打入冷宮的下場，關鍵還是她沒有用心去觀察別人臉色的緣故。

一個寒窗苦讀十年的秀才過五關斬六將，終於憑自己的實力得到了一個縣令的位置。當他一得到這個職位，他就馬不停蹄地去拜見上司。

因為這是第一次與上司見面，想不出該說什麼話，但也不能不說話，免得場面尷尬。於是，他在沉默了一會之後，就忽然問道：「大人尊姓大名？」聽到這個秀才如是問自己的時候，這位上司覺得很意外，也很吃驚，但還是勉勉強強回答他的問題。緊接著，秀才就停住了，不知道該問什麼好了，於是低頭苦苦思考，想了很久，他突然又說了一句話：「百家姓裡面好像沒有大人的姓啊！這個上司傻了眼了，用驚訝的眼神盯著他，他覺得不可思議極了，緩緩地說：「我是旗人。難道你不知道嗎？」秀才一聽，突然站起來，不知道他又要問什麼樣的問題，只聽得他問：「可否請教大人是哪一旗的？」上司說：「正紅旗。」秀才說：「正黃旗最好，大人怎麼不在正黃旗呢？」上司終於忍不住大怒，表現出厭惡的表情，問道：「貴縣哪一省的人？」縣令說：「廣西。」「那我問你」上司接著說：「廣東最好，那你為什麼不在廣東？」縣令大吃了一驚，這才發現上司滿臉怒氣，便趕快起身告辭了。

第二天，這個新縣令接到上司的新令，一看，現在給他的職位官級要比原來小得多了，這讓他後悔不已，只怪自己不會說話，不會察言觀色，惹惱了上司，最終只得到這樣的結果啊！

在人際交往中，許多人都希望得到他人的認可和讚美。所以當我們有求於人時，如果能夠學會察言觀色、投其所好，說一些讓他高興的話，即使再難辦的事情，他也會盡可能幫助你。而不懂得察言觀色、攻心為上的人，顯得就無法達到自己的目的。在生活中也是如此，與人交往如果不用心，不學著去悅納別人，會遇到許多想像不到的問題，因為你並不知道自己什麼時候就把別人給得罪了。做人必須學會用心，否則你就會面臨一道道難以預測的障礙。

人常說：「不打勤的、不打賴的，專打不長眼的。」這話說得有道理。

因為與人相處時，如果你在無意之中觸犯了別人的忌諱，就會在無形之中得罪對方。所以，察人不可不用心，不能因人外表而錯判其人，更不能不知人心就與之隨意親近，因為有些人就是利用人們的這個弱點來達到自己不可告人的目的。因此，在人際交往中，我們要做一個有心人，學會察言觀色，讀懂他人心。

多交朋友，少結冤家

要這樣生活：使你的朋友不致成為仇人，而使你的仇人卻成為你的朋友。

常言道：「多個朋友多條路，少個仇人少堵牆。」人與人之間，只要矛盾還沒有發展到你死我活的地步，總是可以化解的。記住中國有句老話：「冤家宜解不宜結。」相識就是緣分，還是少結冤家為好。

正如古希臘哲學家畢達哥拉斯所說：「要這樣生活：使你的朋友不致成為仇人，而使你的仇人卻成為你的朋友。」放開眼界，收起報復的心態，以一種大度寬容的方式對待周圍的人，即便不能都使其成為朋友，也能避免其站到自己的對立面去。這樣人生之路就會走得平坦許多，順暢許多，甚至還可能會有意外的收穫。

古時有一位國王在領兵跟敵國作戰時，遇到頑強的抵抗。戰爭異常殘酷，持續了幾個月之久。

一次，敵方將領想出一個「擒賊擒王」的計策——派一位武士行刺國王。這位武士驍勇機智、行動敏捷，他躲開崗哨，想從馬棚進入國王的臥室。不料，國王的馬非常通靈，見有生人入侵，便嘶叫起來。這個情況是武士事先沒想到的，他拿不定應該殺馬滅口、繼續冒進，還是腳底抹油、溜之大吉。

國王聽見馬鳴聲有異，估計出了情況，手持寶劍出來察看，發現了刺客。他一聲招呼，衛兵們便蜂擁而來。向刺客撲去。武士知道此番性命難保，想舉刀自刎，卻已經來不及了，被衛兵們捆得結結實實，扔在地上。這時，衛兵長跑過來，向國王自責疏於防範之過，並請示如何處置這名刺客。

國王走到武士身邊，厲聲問：「你是來偷馬的嗎？」

武士不明白是什麼意思，含含糊糊的答應一聲，心裡卻想：我是來取你性命的，怎麼說我偷馬呢？

國王回頭對衛兵長說：「這傢夥一定是來偷馬的。現在是戰爭時期，老百姓都很窮，想偷馬賣錢，情有可原。把他放了吧！」

衛兵長急忙說：「不能放！他明明是來行刺的，不是來偷馬的，應該將他就地正法。」

國王說：「他明明是個偷馬賊，為什麼說他是刺客呢？我看他也是一條好漢，一定是迫不得已才幹這種小偷小摸的事。把他放了吧！」

衛兵長無奈，只好把刺客給放了。

這件事傳出去後，人們都稱頌國王心胸寬廣、愛惜人才。各地的勇士如潮水般湧來投奔他，他的軍隊實力大增，很快就取得了戰爭的勝利。後來，國王統一了北方各部，建立了一個強大的王國。

非常之人必有非常之量。《聖經》說；「原諒你的仇敵。」這並非道德說教，而是經驗之談，因為原諒仇敵可以帶來很大好處，但是原諒仇敵並不是一件容易的事，一方面，我們很難克制自己的仇視心理；另一方面，在操作上很難做到恰到好處——帶著鄙視、不屑的心理予以原諒，反而會引發新人仇恨。

人在世界上，有一個敵人不算少，有一百個朋友不算多。帶著尊重的心理原諒別人，收繳他心中的銳器。讓別人對自己有所依賴，或者讓自己對別人有所幫助，這樣，朋友會越來越多，人際關係也就會越來越好。

時刻儲蓄你的人情帳戶

每個人的心中都有一個銀行，都設有一本感情帳戶。

說到人情，誰也不敢輕慢。一個人在充滿競爭的社會上能不能站得住，行得通，吃得開，關鍵的一點是看他佔有了多少人情。人情雖然是不可以量化的，但很多人心目中還是有一桿秤，試圖秤出它的分量。一般說來，一個人有多大的人情，就會獲得多大的回報。

三國爭霸之前，周瑜並不得意。他曾在軍閥袁術部下為官，被袁術任命過一回小小的居巢長，一個小縣的縣令罷了。

這時候地方上發生了饑荒，兵亂使糧食問題日漸嚴峻起來。居巢的百姓沒有糧食吃，就吃樹皮、草根，活活餓死了不少人，軍隊也餓得失去了戰鬥力。周瑜作為父母官，看到這悲慘情形急得心慌意亂，不知如何是好。

有人獻計，說附近有個樂善好施的財主魯肅，他家素來富裕，想必囤積了不少糧食，不如去向他借。周瑜帶上人馬登門拜訪魯肅，剛剛寒暄完，周瑜就直接說：「不瞞老兄，小弟此次造訪，是想借點糧食。」魯肅一看周瑜豐神俊朗，顯而易見是個才子，日後必成大器，他根本不在乎周瑜現在只是個小小的居巢長，哈哈大笑說：「此乃區區小事，我答應就是。」

魯肅親自帶周瑜去查看糧倉，這時魯家存有兩倉糧食，各三千斛，魯肅痛快地說：「也別提什麼借不借的，我把其中一倉送與你好了。」周瑜及其手下見他如此慷慨大方，都愣住了，要知道，在饑饉之年，糧食就是生命啊！周瑜被魯肅的言行深深感動了，兩人當下就交上了朋友。

後來周瑜發達了，當上了將軍，他牢記魯肅的恩德，將他推薦給孫權，魯肅終於得到了做大事業的機會。

在這個世界上，若想活得滋潤，活得風光，就必須有一些能使自己成才、成器或成事的管道、包括生存的管道、發財的管道、升官的管道或者成就某一事業的管道。這些管道不是僅靠自己單槍匹馬的力量硬闖出來的，而必須借助他人指導、引薦、支持或幫助才能找到方向，踏上征程。

從某種意義上說，這些管道都是別人給的，或者說是別人幫助開拓的。那麼，天下之大，人事之繁，別人為什麼要單給你管道？為什麼樂意幫你開拓管道？答曰：人情使然，有了人情也便有了管道，人情大管道寬。

生活的經驗是，你必須在銀行裡儲蓄足夠的金額，到你遇到困難的時候，才能從銀行裡從容地取出存款，以解所需之急。反之，不肯增加儲蓄而只想大筆提取的人是無人理會的，這樣的銀行帳戶是根本不存在的。你毫無儲蓄，到需要用錢時，也就必然無錢可用，只有欠債了。但欠債總是要還的，到頭來還是要儲蓄。

人與人之間的關係也是這樣。每個人的心中都有一個銀行，都設有一本感情帳戶。而能夠充實感情帳戶，使感情儲蓄日益豐厚的，只能是你對他人真誠、熱忱的關心、支援和幫助。互助互利是彼此信任的基石，沒有較深的感情則沒有彼此的信任。重視情感因素，不斷增加感情的儲蓄，就是積聚信任度，保持和加強親密互惠的關係。

你在感情的帳戶上儲蓄，就會贏得對方的信任，那麼當你遇到困難，需要幫助的時候，就可以利用這種信任。所以，我們強調請求別人的支持與幫助，應該自信主動、坦誠大方地提出，儘管有許多有效的方法和技巧可以採用，然而最重要的是自己要樂於助人、關心他人，不斷增加感情帳戶上的儲蓄，這樣才能使人際長青。

PART 4

聞謗不辯，守得大愚是大智——

放下計較，糊塗是福

「水至清則無魚，人至察則無徒。」
人能明察是非、分清善惡，當然好，但過分明察秋毫，
對別人太過苛刻，就變成對人求全責備的嚴苛挑剔，就不能容人了
所以為人處世，有時候要學會睜一隻眼閉一隻眼，
正如孔子所說的「夫我則不暇」，這也是糊塗處世的要訣之一。

人生不必太計較

推得過去，是生活；推不過去，也是一樣的生活。

人生究竟是黑白還是彩色，純粹是一種習慣性的看法。我們一旦習慣看到人生的黑暗面，就會刻意去尋找黑暗的那一面，而忽略掉光明的一面，我們自然就會被消極的世界所包圍。多計算一下自己已擁有的，我們會發現每個人都是富人。衡量生活，別用過長的量尺，接受現實，相信我已富有、已完美，生命將無憾。

事事斤斤計較、患得患失，不僅自己傷痕累累，生活也因計較一片灰暗。既然如此，我們何不都看開些呢？

清朝時，在安徽桐城有一個著名的家族，父子兩代為相，權勢顯赫，這就是張家張英、張廷玉父子。清康熙年間，張英在朝廷當文華殿大學士、禮部尚書。老家桐城的老宅與吳家為鄰，兩家府邸之間有個空地，供雙方來往交通使用。後來鄰居吳家建房，要佔用這個通道，張家不同意，雙方將官司打到縣衙門。縣官考慮糾紛雙方都是官位顯赫、名門望族，不敢輕易了斷。在這期間，張家人寫了一封信，給在北京當大官的張英，要求張英出面干涉此事。

張英收到信件後，認為應該謙讓鄰里，給家裡回信中寫了四句話：「千里來書只為牆，讓他三尺又何妨？萬里長城今猶在，不見當年秦始皇。」

家人閱罷，明白其中意思，主動讓出三尺空地。吳家見狀，深受感動，也主動讓出三尺房基地，這樣就形成了一個六尺的巷子。兩家禮讓之舉和張家不仗勢壓人的做法自此傳為美談。

計較往往是麻煩的開始。只要不是原則性的大事，睜一眼閉一眼又何妨？我們活在這個世上只有短短的幾十年，而浪費很多時間去為一些很快就會被所有人忘了的小事煩惱，值得嗎？生活就應該把精力用在值得做的事情上，不必為了無關緊要的事情而計較。

人生往往就是如此，推得過去，是生活；推不過去，也是一樣的生活。因此，要想真正獲得幸福，就要學會淡定，學會知足。你人生是貧窮還是富有，是黑白還是彩色，都在於你自己。如果你能接受自己所有的缺憾，接收這份不完整的生命賜予，那麼你就能更快樂地活著。對於生命的苦難，我們不能把它當歸結為是「誰」的錯，也不能總是去注視他人的優越面，而妄自菲薄，徒增心中的怨恨。

別用過長的量尺衡量我們的生活。要懂得欣賞自己的生活，讓自己活得隨心所欲。趁自己還年輕，盡情地瘋狂、盡情地任性、盡情地幼稚、盡情地做你想做的事。沒有誰可以要求你改變，你也不必盲目改變。即使知道改變以後的自己會很更好，但自己卻無力改變的話，也不應該勉強去做，那些讓自己覺得不滿意的地方，就儘量忽略過去。畢竟，上帝創造我們有不同的膚色、不同的個性，就是為了讓我們的生活多姿多彩。要接受自己所謂不完美的地方，沒有必要勉強自己變得完美。

人生不必太計較，這樣我們才能活得更舒心自在。

守得大愚才是大智

古今得禍，精明人十居其九。

在人際交往中，有些事不必知道得太明白，即使心裡明白了，也不一定要說出來。該糊塗時得糊塗。「大辨若納，大巧若拙，大智若愚」說的就是這個道理。

魏王的異母兄弟信陵君，在當時名列「春秋四公子」之一，知名度極高，因仰慕信陵君之名而前往的門客達三千人之多。有一天，信陵君正和魏王在宮中下棋消遣，忽然接到通報，說是北方國境升起了狼煙，可能是敵人來襲的信號。魏王一聽到這個消息，立刻放下棋子，打算召集群臣共商應敵事宜。

坐在一旁的信陵君則不慌不忙地阻止魏王，說道：「先別著急，或許是鄰國君主在打獵，我們的邊境哨兵一時看錯，誤以為敵人來襲，所以升起煙火，以示警戒。」

過了一會兒，又有通報說，剛才升起狼煙報告敵人來襲是錯誤的，事實上是鄰國君主在打獵。

於是，魏王很驚訝地問信陵君：「你怎麼知道這件事情？」信陵君很得意地回答：「我在鄰國佈有眼線，所以早就知道鄰國君王今天會去打獵。」

從此，魏王對信陵君漸漸疏遠了。後來，信陵君受到別人的誣陷，失去了魏王的信賴，晚年沉湎於酒色，終致病死。

正所謂「古今得禍，精明人十居其九」，信陵君以為他如是一說便能得到魏王的褒獎，沒想到的是反而落得個失寵的下場。有的時候，明白某個道理，把它放在心裡總比說出來的好。

《三國演義》中的楊修才華橫溢，能夠洞悉他人的想法，但最終招致殺身之禍。在隨軍征戰的多年中，他被提拔得很慢，顯然是曹操討厭他的緣故。但是，他沒有意識到曹操本人生性多疑，凡事他都一語道破，而讓曹操越來越厭惡他。換個位置，如果他能迎合曹操，或適時適地適量地表現才能，那麼他至少可以保全性命，得到重用。楊修之死正是由於他不知道聰明反被聰明誤的道理啊！

明代時，況鐘最初以小吏的低微身份追隨尚書呂震左右。況鐘雖是小吏，但頭腦精明，辦事忠誠。呂震十分欣賞他的才能，推薦他當主管，升郎中，後出任蘇州知府。

初到蘇州，況鐘假裝對政務一竅不通，凡事問這問那。府裡的小吏們懷抱公文，個個圍著況鐘轉悠，請他批示。況鐘佯裝不知，瞻前顧後地詢問小吏，小吏說可行就批准，小吏說不行就不批准，一切聽從部屬的安排。這樣一來，許多官吏樂得手舞足蹈，個個眉開眼笑，說況鐘是個大笨蛋。過了三天，況鐘召集全府上下官員，一改往日溫柔愚笨之態，大聲責罵：「你們這些人中，有許多奸佞之徒，某某事可行，他卻阻止我去辦；某某事不可行，他則慫恿我，以為我是個糊塗蟲，耍弄我，實在太可惡了！」況鐘下令，將其中的幾個小吏捆綁起來一頓狠揍，鞭撻後扔到街上。

此舉使餘下的幾個部屬膽顫心驚，原來知府大人心裡明亮著呢！個個一改拖拉、懶散的樣子，積極地工作，從此蘇州得到大治，百姓安居樂業。

沉鐘先裝糊塗，把自己置於旁觀者的位置上冷眼細看，看清楚之後心中有數，做事就可以很主動了。如果一開始他便顯出非常聰明能幹的樣子來，只怕他人早有防備之心，從而在他面前小心翼翼地掩蓋自己的短處，表現自己的長處，恐怕時間長便分不清孰優孰劣了。

必要時候，我們要學會裝裝糊塗，懂得明知故昧。「明知故問」說就是明明知道的事情卻裝糊塗裝作不知道，看得清楚的東西卻裝作看不見，也就是雖明白一切，卻故意裝糊塗。在生活中，這從表面上看來是不好的態度，但作為一種明哲保身的方法還是可為的。

為人處世中，有時裝裝糊塗，是為了更好的處事和保全自己，所以，我們不妨都糊塗一點，守得大愚才是真正的大智。

不妨做個「糊塗」人

生活原本就是簡單的，是我們自己太過計較了，所以變得越來越複雜。

很多年輕人缺少生活的歷練，卻對生活要求很高，任何事情都想要一個結果：朋友為什麼會陷害自己呢？男（女）友在外面交了些什麼朋友？上司對某同事為什麼比自己好？但生活中的是是非非有很多，我們無法對每件事都做一個清楚的交代。

這些看似聰明的人其實都很愚蠢。他們總被生活牽著走，為了一點小事，就會歇斯底里，這種人自然就會老得很快。如果能夠「糊塗」一些，人們就會遠離很多煩惱，活得更加快樂。

某家政學校的最後一門課是《婚姻與經營和創意》，主講老師是學校特地聘請的一位研究婚姻問題的教授。他走進教室，把隨手攜帶的一疊圖表掛在黑板上，然後，他掀開掛圖，上面用毛筆寫著一行字：

婚姻的成功取決於兩點：一是找個好人；二是自己做一個好人。

「就這麼簡單，至於其他的祕訣，我認為如果不是江湖偏方，也至少是些老生常談。」教授說。

這時台下嗡嗡作響，因為下面有許多學生是已婚人士。不一會兒，終於有一位三十多歲的女子站了起來，說：「如果這兩條沒有做到呢？」

教授翻開掛圖的第二張，說：「那就變成四條了。」

一、容忍，幫助，幫助不好仍然容忍。

二、使容忍變成一種習慣。

三、在習慣中養成傻瓜的品性。

四、做傻瓜，並永遠做下去。

教授還未把這四條念完，台下就喧嘩起來，有的說不行，有的說這根本做不到。等大家靜下來，教授說：「如果這四條做不到，你又想有一個穩固的婚姻，那你就得做到以下十六條。」

接著教授翻開第三張掛圖。

一、不同時發脾氣。

二、除非有緊急事件，否則不要大聲吼叫。

三、爭執時，讓對方贏。

……

教授念完，有些人笑了，有些人則歎起氣來。

教授聽了一會兒，說：「如果大家對這十六條感到失望的話，那你只有做好下面的二百五十六條了，總之，兩個人相處的理論是一個幾何級數理論，它總是在前面那個數字的基礎上進行二次方。」

接著教授翻開掛圖的第四頁，這一頁已不再是用毛筆書寫，而是用鋼筆，二百五十條，密密麻麻。

教授說：「婚姻到這一地步就已經很危險了。」這時台下響起了更強烈的喧嘩聲。

生活原本就是簡單的，是我們自己太過於計較了，才讓生活變得越來越複雜。太過計較的人總是追著幸福跑，用盡全力也抓不住飄忽不定、轉瞬即逝的幸福。每跨出一步，都要考慮前面意味著什麼、得到什麼或失去什麼，人未動心已遠，何止一個「累」字了得。

不要太過計較，糊塗一番又何妨？只有想得開，放得下，朝前看，才有可能從瑣事的糾纏中超脫出來。假如對生活中發生的每件事都追根究柢，去問一個為什麼，那實在既無好處，又無必要，而且還破壞了生活的詩意。追逐幸福生活的道路上，我們不妨都做個「糊塗」人。

讓小事隨風去

生命太短促，不能只顧小事。

人活在世上只有短短幾十年，卻浪費了很多時間，去計較一些小事，事事斤斤計較、患得患失，事事強出頭，只會讓自己活得更累。

羅斯福夫人剛結婚時，每天都在擔心，因為她的新廚師飯做得很差。可是如果事情發生在現在，她說：「我就會聳聳肩膀把這事給忘了」。好極了，這才是一個成年人的做法。就連最專制的凱薩琳女皇，對廚師做壞了飯，也只是付之一笑。

大家都知道，「法律不會去管那些小事」，人們不應該為這些小事而斤斤計較。

荷馬・克羅伊是位寫過好幾本書的作家。以前他寫作的時候，常常被紐約

公寓的熱水爐的響聲吵得快要發瘋。蒸氣會砰然作響，然後又是一陣劈哩啪啦的聲音——而他會坐在他的書桌前氣得直叫。

「後來，」荷馬・克羅伊說，「有一次我和幾個朋友一起出去宿營，當我聽到木柴燒得很響時，我突然想到：這些聲音多像熱水爐的響聲，為什麼我會喜歡這個聲音，而討厭那個聲音呢？我回到家以後，跟自己說：『火堆裡木頭的爆裂聲，是一種很好的聲音，熱水爐的聲音也差不多，我該埋頭大睡，不去理會這些噪音。』頭幾天我還會注意熱水爐的聲音，可是不久我就把它們整個忘了。」

「很多其他讓你計較的小事也是一樣，我們不喜歡那些，結果弄得整個人都很頹喪，只不過因為我們都誇張了那些小事的重要性……」

狄士雷裡說過：「生命太短促，不能只顧小事。」

一個研究所的副所長，他負責一個課題的研究，由於行政事務繁多，他沒有把全部精力放在課題的研究上。

他的助手透過辛勤努力把研究成果做了出來，這個課題得到了有關方面的認可，贏得了很大的榮譽。

報紙、電視臺的記者爭相採訪那位副所長，他都拒絕了，並對記者們說：「這項研究的成功是我助手的功勞，榮譽應該屬於他。」記者們聽了，為他的誠實和美德所感動，在報導助手的同時，還特別把副所長坦蕩的胸懷和言語都寫了出來，使這個副所長也獲得了很好的評價和榮譽。

「木秀於林，風必摧之」，事事計較並不是強者本色，藏鋒露拙、韜光養晦才能在社會中為自己找到一個完全的藏身點。

「該低頭時就低頭」，並不是為了達到目的而屈尊求辱的卑賤，而是一種智慧和歷經風塵洗練後的積澱。

安德列・摩瑞斯在《本周》雜誌裡說：「我們常常被一些小事情，一些應該不屑一顧並忘了的小事情弄得非常心煩……我們活在這個世上只有短短的幾十年，而我們浪費了很多不可能再補回來的時間，去計較一些在一年之內就會被所有的人忘了的小事。不要這樣，讓我們把我們的生活只用在值得做的行動和感覺上，去運用偉大的思維，去經歷真正的感情，去做必須做的事情。」因為生命太短促了，不該再去計較那些無謂的小事了。

與人交往，你的感受如何？在錯綜複雜的人際交往中，如果你要認真計較的話，每天隨便都可以找到四、五件讓人生氣的事情，如，被人誣陷、被連累、受人冷言譏諷，等等。有人不便即時發作，便暗自把這些事情記在心裡，伺機報復。但這種仇恨心理，對對方沒有絲毫損害，卻會影響自己的情緒，從而自食其果。

不管別人怎樣冒犯你，或者你們之間產生什麼矛盾，總之要得饒人處且饒人。你也許認為，這樣戰戰兢兢，活得未免太累。以為儘量避免讓自己捲入別人的是非圈子裡，便能明哲保身，最終有飛黃騰達的一天，這是一廂情願的想法。聰明人不會把自己孤立起來，他很明白團結就是力量的道理。身為群體裡的一員，你要想辦法與每人建立良好的關係，營造和諧的氣氛，成為這個小圈子裡的一分子。因此，我們都應該以一顆不計較的心面對生活，人生也因此變得豁達開朗。

放開狹隘心胸，收穫工作價值

工作不僅是為了薪水，為了謀生，
更是為了自己的快樂與發展，是自我價值的體現。

如果您發現地上有五張千元大鈔，在沒有任何顧慮的情況之下，您會撿幾張？相信絕大多數的人都會撿五張。但在工作的報酬上我們卻常常只拿一張、兩張，很少人照單全收，這是為什麼？

一般人只重視工作待遇，往往在斤斤計較薪水時忽略了其他應得的報酬，比如說：充實自我，開拓生活領域；肯定自我，享受自我實現的滿足感；認識朋友，改善人際關係；加強工作能力，提升本身附加價值。而這些無形的報酬的價值與重要性，卻往往遠高於有形的收入。很多人，斤斤計較工作的得失，薪水的多寡，在計較中，他們卻忘了最該計較的東西——工作的意義。工作不僅是為了薪水，為了謀生，更是為了自己的快樂與發展，是自我價值的體現。

有的人為了一點小小的利益與同事爭破頭皮，從來不肯吃一點小虧，現實生活中這種人並不少見。他們似乎也因為自己的「聰明」而獲利不少：比如公司給員工發放一批福利品，最後剩下一件，某個精明的職員就會跳出來，以某種藉口將其據為己有，而其他同事也不好意思說些什麼；又或上司分給部門一個臨時任務，這個員工一看任務有些麻煩，便藉故推給其他的同事，自己則一身輕鬆……

這樣的精明，表面上看起來似乎十分實用，實際上卻害了自己。

不要凡事斤斤計較。很多人，工作不是不努力，但卻總為自己的每一份辛勞爭取報酬，結果往往變得錙銖必較，讓人十分討厭。這樣的人也往往融不到團體中，因為他在計較中失去了寬容。

在工作的過程中，最怕的就是太過認真仔細、斤斤計較。相反，如果能夠在與同事相處時做到寬容別人，那麼就沒有處理不好的同事關係，沒有化解不了的恩恩怨怨。不同的生活經歷、不同的興趣愛好、不同的文化背景和性格，由不同的人組合在一起，形成了一個個或大或小的團體。在這樣的環境裡要營造和諧的人際關係，對於每一個人來說，都是一個無法迴避的問題。

很多人都疑惑自己做了那麼多，卻沒有成功。這是因為他們只看到自己工作換來的薪資收入，卻看不到這背後的知識和經驗的積累、信任和尊敬的積蓄，看不到未來可能的提升和長期的發展。一些人能夠很清楚地計算出自己每一個工作量的價格，每天斤斤計較於自己的勞動數量，卻算不清自己的一生價值如何。對於他們而言，工作只是工作，是一種機械重複勞動，不用注入什麼感情。在計較中，他們失去了工作的價值和提升空間。於是，工作就只能是工作，只能是簡單的數字計算，多少工作量，多少薪資額。

斤斤計較，這種錯誤的態度，導致勤奮走向錯誤的方向。斤斤計較的人，在工作與生活中，在與人相處中，「利」字當頭，什麼虧都不能吃，什麼便宜都想占，工作揀輕的做，待遇往高處要，看別人時戴著顯微鏡，高標準、嚴要求，對自己卻總是網開一面、另當別論。

這樣的人怎麼會招人喜歡？又怎麼能擁有和諧的同事關係呢？所以，想要勤奮有所成，就要放開斤斤計較的狹隘心胸，學會豁達和包容，在工作中與他人積極配合，在生活中與人為善，以寬闊的胸懷為人處世，以嚴格的標準要求自己，不為一點點的蠅頭小利與同事計較，這樣的人才能夠得到成功之神的青睞。

計較少一點，快樂多一點

生活中，將許多人擊垮的有時並不是那些看似滅頂之災的挑戰，而是一些微不足道的、雞毛蒜皮的小事。

為人處世時，不免有形形色色的矛盾、煩惱，如果斤斤計較於每一件事，那生命無疑是一樁累贅，並且充斥悲劇色彩。

一九四五年三月，羅勒・摩爾和其他八十七位軍人在貝雅S・S三一八號潛艇上。當時雷達發現有一艘驅逐艦隊正往他們的方向開來，於是他們就向其中的一艘驅逐艦發射了三枚魚雷，但都沒有擊中，這艘艦也沒有發現。但當他們準備攻擊另一艘佈雷艦的時候，它突然掉頭向潛艇開來，可能是一架日本飛機看見這艘六十英尺深的潛艇，用無線電告訴這艘佈雷艦。

他們立刻潛到一百五十英尺地方，以免被日方探測到，同時也準備應付深水炸彈。

他們在所有的船蓋上多加了幾層栓子，三分鐘之後，突然天崩地裂。六枚深水炸彈在他們的四周爆炸，他們直往水底——深達二百七十六米的地方，他們都嚇壞了。按常識，如果潛水艇在不到五百英尺的地方受到攻擊，深水炸彈在離它十七英尺之內爆炸的話，差不多是在劫難逃。

羅勒・摩爾嚇得不敢呼吸，他在想：「這回完蛋了。」在電扇和空調系統關閉之後，潛艇的溫度升到近四十度，但摩爾卻全身發冷，牙齒打顫，身冒冷汗。十五小時之後，攻擊停止了，顯然那艘佈雷艦的炸彈用光以後就離開了。

這十五小時的攻擊，對摩爾來說，就像有一千五百年。他過去所有的生活都一一浮現在眼前，他想到了以前所做的壞事，所有他曾擔心過的一些很無聊的小事。他曾經為工作時間長、薪水太少、還有多少機會升遷而煩惱；他也曾經為沒有辦法買幢房子，沒有錢買部新車子，沒有錢給妻子買好衣服而憂慮；他非常討厭自己的老闆，因為這位老闆常給他製造麻煩；他還記得每晚回家的時候，自己總感到非常疲倦和難受，常常跟妻子為一點小事吵架；他也為自己額頭上的一塊小疤痕煩惱。

摩爾說：「多年以來，那些令人煩惱的事看來都是大事，可是在深水炸彈威脅著要把他送上西天的時候，這些事情又是多麼的荒唐、渺小。」

就在那時候，他向自己發誓，如果他還有機會見到太陽和星星，就永遠永遠不會再憂慮。在潛艇裡那可怕的十五小時，對於生活所學到的，比他在大學讀了四年書所學到的要多得多。

我們可以相信一句話：人生中總是有很多的瑣事糾纏著我們，但是我們不能與它斤斤計較，因為心胸狹窄是幸福的天敵，它對有意或是無意間的傷害是寬厚，對敵意的攻擊是忍讓。

在非洲大草原上，有一種極不起眼的動物叫吸血蝙蝠。它身體很小，卻是野馬的天敵。這種蝙蝠靠吸動物的血生存，它在攻擊野馬時，常附在馬腿上，用鋒利的牙齒極敏捷地刺破野馬的腿，然後用尖尖的嘴吸血。無論野馬怎麼蹦跳、狂奔，都無法驅逐這種蝙蝠。蝙蝠卻可以從容地吸附在野馬身上，落在野馬頭上，直到吸飽吸足，才滿意地飛去。而野馬常常在暴怒、狂奔、流血中無可奈何地死去。

動物學家們在分析這一問題時，一致認為吸血蝙蝠所吸的血量是微不足道的，遠不會讓野馬死去，野馬的死亡是它暴怒的習性和狂奔所致。

與野馬類似，生活中，將許多人擊垮的有時並不是那些看似滅頂之災的挑戰，而是一些微不足道的、雞毛蒜皮的小事。

人們的大部分時間和精力無休止地消耗在這些雞毛蒜皮的小事之中，最終讓大部分人一生一事無成。

生活要求人們不斷地清點，看忙碌中，哪些是重要的，是必要的，哪些是不重要的，或是無須勞神去忙的。然後，果斷地將那些無益的事情拋棄，不去理它。

所以，人生的法則應該是，少一點計較，多一點快樂。

遇謗不辯，沉默的寬容

做人擁有「不辯」的胸襟，就不會與他人針尖對麥芒，睚眥必報；擁有「不辯」的情操，友誼永遠多於怨恨。

所謂夫大道不稱，大辯不言，大仁不仁，大廉不謙，大勇不忮。道昭而不道，言辯而不及，仁常而不成，廉清而不信，勇忮而不成。意思是指，至高無上的真理是不必稱揚的，最了不起的辯說是不必言說的，最具仁愛的人是不必向人表示仁愛的，最廉潔方正的人是不必表示謙讓的，最勇敢的人是從不傷害他人的。真理完全表露於外那就不算是真理，逞言肆辯總有表達不到的地方，仁愛之心經常流露反而成就不了仁愛，廉潔到清白的極點反而不太真實，勇敢到隨處傷人也就不能成為真正勇敢的人。

能具備這五個方面的人可謂是了悟了做人之道，所謂是真理不必稱揚，會做人不必標榜。

真正有修養的人，即使在面對誹謗時也是極其具有君子風度的。以坦然心境面對誹謗，古往今來，能做到這點的也不乏其人，但能達到像白隱禪師那種境界的，則恐怕是鳳毛麟角了。

有位修行很深的禪師叫白隱，無論別人怎麼樣評論他，他都會淡淡地說一句：就是這樣嗎？

在白隱禪師所住的寺廟旁，有一對夫婦開了一家食品店，家裡有一個漂亮的女兒，無意間，夫婦倆發現尚未出嫁的女兒竟然懷孕了。

這種見不得人的事，使得她的父母震怒異常！在父母的一再逼問下，她終於吞吞吐吐地說出「白隱」兩字。

她的父母怒不可遏地去找白隱理論，但這位大師不置可否，只若無其事地答道：「就是這樣嗎？」孩子生下來後，就被送給白隱，此時，他的名譽雖已掃地，但他並不以為然，只是非常細心地照顧孩子——他向鄰居乞求嬰兒所需的奶水和其他用品，雖不免橫遭白眼，或是冷嘲熱諷，他總是處之泰然，彷彿他是受託撫養別人的孩子一樣。

事隔一年後，這位沒有結婚的媽媽，終於不忍心再欺瞞下去了她老老實實地向父母吐露真情：孩子的生父是住在同一村莊裡的一位青年。

她的父母立即將她帶到白隱那裡，向他道歉，請他原諒，並將孩子帶回。

白隱仍然是淡然如水，他只是在交回孩子的時候，輕聲說道：「就是這樣嗎？」彷彿不曾發生過什麼事；即使有，也只像微風吹過耳畔，霎時即逝！

白隱為了給鄰居女兒一個生存的機會和空間，代人受過，犧牲了為自己洗刷清白的機會，受到人們的冷嘲熱諷，但是他始終處之泰然，只有平平淡淡的一句話——「就是這樣嗎？」

在現實生活中，口舌之交是人際溝通中最重要的一種方式。在這個溝透過程中，言來言去，自難免失真之語。誹謗就是失真言語中的一種攻擊性惡意傷害行為了。俗語云：明槍易躲，暗箭難防。也許，在很多時候，誹謗與流言並非我們所能夠去制止的，甚至是有人群的地方就有流言。而我們對待流言的態度則顯得尤為重要，正如美國總統林肯所說：「如果證明我是對的，那麼人家怎麼說我就無關緊要；如果證明我是錯的，那麼即使花十倍的力氣來說我是對的，也沒有什麼用。」

這與弘一法師對待誹謗的態度——遇謗不辯，是如出一轍。當誹謗已經發生，一味地爭辯往往會適得其反，不是越辯越黑便是欲蓋彌彰。還是魯迅先生說得好：沉默是金。的確，對付誹謗最好的方法便是保持沉默，讓清者自清而濁者自濁，這才是明智的選擇。

《新唐書》中有一則武則天與狄仁傑的故事：武則天稱帝後，任命狄仁傑為宰相。有一天，武則天向狄仁傑：「你以前任職於汝南，有極佳的表現，也深受百姓歡迎。但卻有一些人總是誹謗誣陷你，你想知道詳情嗎？」

狄仁傑立即告罪道：「陛下如認為那些誹謗誣陷是我的過失，我當恭聽改之；若陛下認為並非我的過失，那是臣之大幸。至於到底是誰在誹謗誣陷？如何誹謗，我都不想知道。」武則天聞之大喜，推崇狄仁傑為仁師長者。

做人難，難在如何面對誹謗誣陷。狄仁傑被認作是武周一代名臣，是很有道理的，從這段文字中我們也可以窺出幾分。俗話說：「流言止於智者。」真正有智慧的人是不會被流言中傷的，因為他們懂得用沉默來對待那些毫無意義的流言誹謗。

魯迅先生曾經說過：「沉默是最好的反抗。這種無言的回敬可使對方自知理屈，自覺無趣，獲得比強詞辯解更佳的效果。」

所謂濁者自濁、清者自清。為人處世，面對毀謗不需要汲汲務求去澄清，只需要自己心境坦蕩，謠言毀謗自然不攻自破。

用沉默來應對誹謗，讓濁者自濁、清者自清，誹謗最終會在事實面前不攻自破的。

這是我們從聖人的思想中擷取的智慧之花，在現實生活中，做人擁有「不辯」的胸襟，就不會與他人針尖對麥芒，睚眥必報；擁有「不辯」的情操，友誼永遠多於怨恨。

拔除嗔怒的毒根

毀謗是打倒不了一個人的，除非自己本身沒有實力。
面對毀謗的方法是不去辯白，對是非則默擯之。

趙朴初居士曾在晚年時寫了這樣一首著名的《寬心謠》，讀來發人深省：日出東海落西山，愁也一天，喜也一天；遇事不鑽牛角尖，人也舒坦，心也舒坦；每月領取養老錢，多了喜歡，少也喜歡；少葷多素日三餐，粗也香甜，細也香甜；新舊衣服不挑揀，好也禦寒，賴也禦寒；常與知己聊聊天，古也談談，今也談談；內孫外孫同樣看，兒也喜歡，女也喜歡；全家老少互勉勵，貧也相安，富也相安；早晚操勞勤鍛煉，忙也樂觀，閑也樂觀；心寬體健養天年，不是神仙，勝似神仙。

品讀《寬心謠》，如同咀嚼橄欖，詞清句暢，寄意深邃。生活中多份寬心而少份浮躁，添些喜悅而消些煩惱，人生就會變得豁然開朗，心態也能隨之放寬。

同樣的，一個人如果能夠將外界的嗔言碎語當做耳邊的一陣風一樣，任它吹來，任它吹去，不為所動，就會省卻很多煩惱，從而擁有一個清靜圓滿的人生。

一個學僧問趙州禪師：「聽說你曾親見過南泉禪師，是真的嗎？」

趙州禪師回答說：「鎮州出產大蘿蔔頭。」

一個學僧問九峰禪師：「聽說你親自參拜過延壽禪師，是真的嗎？」

九峰禪師回答說：「山前的麥子熟了嗎？」

趙州、九峰禪師，英雄所見略同。

一個學僧問趙州禪師：「佛經上說，『萬法歸一』，那麼一歸何處？」

趙州禪師回答說：「我在青州縫了一件青布衣服，有七斤重。」

又有一個學僧問趙州：「當身體死亡歸於塵土時，有個東西卻永久留下。我知道這個東西，但這個東西留在什麼地方呢？」

趙州禪師回答說：「今天早晨颳風。」

有學僧問香林遠禪師：「什麼是祖師西來意？」

他回答道：「唉，坐久了，真感到疲勞啊！」

學僧問憨山禪師：「佛是什麼？」

他回答說：「嘿！我知道怎樣打鼓。」

學僧問睦州禪師：「誰是各位佛祖的老師？」

他哼起了小調：「叮咚咚咚……」

學僧又問他：「禪是什麼？」

他合掌念道：「南無阿彌陀佛。」

但這學僧迷惘地眨著眼睛，不瞭解他的意思。

於是睦州禪師大喝道：「你這可憐的孩子，你的惡業從何而來呢？」

這學僧仍無所悟。

睦州就說：「我的衣衫穿過多年之後，現在完全舊了，鬆鬆地掛在身上的碎片，已吹上天空了。」

又有一次，一個學僧問睦州禪師：「什麼是超佛越祖之說？」

禪師立刻舉起手中的杖子對大家說：「我說這是杖，你們說它是什麼？」

沒有人回答。

於是他再舉起手杖問這個學僧：「你不是問我什麼是超佛越祖之說嗎？」

一個學僧問洞山良价禪師：「誰是佛？」

洞山隨口答道：「麻三斤。」

佛陀教導弟子，不要妄生「嗔」念，其實就是在面對別人的怨懟和怒氣時不要計較太多，太計較就會平添怨氣，那煩惱就會不請自來，那還何談清靜無為?洞山禪師的麻三斤，便是應世間萬象煩惱的不嗔之法寶。

做人若能淡然處世，對別人的閒言碎語從不予以辯護，其實正是修養的功夫所在。

如果別人依然糾纏不清，充耳不聞或指東打西，也是很好的應對之法，這樣會使對方的攻擊無所適從，最後對方也只能怏怏而退。在修禪的道路上深有體會的高僧多以「遇謗不辯」為自己的修行準則之一，即便被冠以惡名，仍能泰然自若，不加辯駁。

於修行者來說，不妄語、不多嘴，自會令修行更進一步，即便遭人非議，但清者自清，隨著時間的推移，真相是不可能被掩蓋的，只要自己行得正坐得直，人格好壞立見，何必在意別人的背後私語。所以，對待毀謗的態度，應是一面深省自己，一面保持沉默。深省的目的是看清自己的實力和本質；保持沉默、不去辯白，是對自己人格的信任。這種處世態度無疑為我們提供了一種解決問題的好方法。

面對毀謗或者他人的嗔言碎語時，我們有時很容易產生嗔怒。

昭引和尚雲遊各地，被大家認作是一個行腳僧時，有信徒來請示：「發脾氣要如何改呢？」「脾氣皆由嗔心而來，這樣好了，我來跟你化緣，你把脾氣和嗔心給我好嗎？」

嗔怒的鋒刃對我們有什麼益處呢?它既傷害別人，同時也傷害自己。嗔，這把雙刃劍，劍鋒所向，最終歸結於我們自身。一個人如果能夠每時每刻都用一顆寬容、豁達的心去面對世間的人與事，讓他人的嗔言碎語隨風而去，那麼這個人的生活中就會除卻很多煩惱，就能夠時時擁有一顆寧靜的心靈。

詩曰：「不智之智，名曰真智。蠢然其容，靈輝內熾。用察為明，古人所忌。學道之士，晦以混世。不巧之巧，名曰極巧。一事無能，萬法俱了。露才揚己，古人所少。學道之士，樸以自保。」人與人的言語交鋒裡，「麻三斤」

這樣的回答或許才是最好的回答。

上面這段看似牛頭不對馬嘴的幾次問答，其實是幾位禪師在講述了這樣一個道理——有些話不必說得明確，佛在心中，用語言是無法闡述清楚的，要看修行者的真心如何，只有不斷反省不斷領悟，答案才在修行者的心中。

毀謗是打倒不了一個人的，除非自己本身沒有實力。面對毀謗的方法是不去辯白，對是非則默擯之。

面對他人的嗔言碎語，就請放寬心，把它當做耳邊風吧。

要捨得吃「眼前虧」

不要怕便宜了別人，「便宜」別人又「得益」自己，何樂而不為？

「塞翁失馬，焉知非福。」很多時候我們在失去的時候就意味著收穫，把吃虧當做佔便宜，不因小事而斤斤計較的人終將有更大的收穫。而那些不肯吃虧的人，往往會因為斤斤計較吃更大的虧。

「好漢要吃眼前虧」的目的是以吃「眼前虧」來換取其他的利益，是為了「存在」和更高遠的目標，如果因為不吃眼前虧而蒙受龐大的損失或災難，甚至把命都弄丟了，又如何談未來和理想呢？不要因為吃一點虧而斤斤計較，開始時吃點虧，實為以後的不吃虧打基礎，不計較眼前的得失是為了著手於更大的目標。

某餐廳開業不到三個月，即聞名當地。這家餐廳規模並不大，而且裝修也

並不是很精美。何以如此得人心呢?有人專門去此店探查個究竟。

走進店裡,老闆忙得來不及招呼他。請他自己先找一個座位坐下,他等了一會兒還不見服務生送菜單過來,他便吆喝起服務生來。

這時老闆娘走過來了,告訴他本店沒有菜單,問他今天胃口怎麼樣,想吃點什麼。這位顧客說,他胃口很好,想多吃點葷菜。

於是老闆娘熱情而又誠懇地給他提出建議,彷彿親人的口氣:「你的體態較胖,身體肯定不太好,所以我建議你今天不能吃太多肉,應該用些清淡的素菜來搭配,葷菜應儘量少吃。」並給他推薦了幾樣清淡可口的小菜,價錢都不貴。

這位顧客感到很疑惑,旁邊的人告訴他,老闆娘之所以不設計菜單,是因為要根據客人的身體狀況和健康狀況來幫助他們選擇吃什麼樣的菜,總之,要讓客人吃到最合適的和最健康的菜。這位顧客恍然大悟,終於明白了此餐廳之所以名聲大噪的原因。

老闆娘的祕訣在哪兒呢?從顧客的利益出發,進行溫馨服務,真正把顧客的需求放在心上，提供給顧客最滿意的服務。他們似乎並沒打算為自己贏多少利，但是他們實際上做到了，而且越做越成功。

而那些沒有「手腕」的人都怕便宜了別人，結果吃虧的卻往往是自己。生活中總有這樣的人，他們做事時一門心思只考慮不能便宜了別人，但卻忽視了於自己是否有利。

不便宜別人就得自己吃虧，所以做事要有「手腕」，不要怕便宜了別人，「便宜」別人又「得益」自己，何樂而不為呢？

有這樣一則笑話：某人買回一堆小陶罐，大如拳，廣口，給鳥餵食嫌大，裝醬油又沒蓋子，問他何意，此人雙眼放光，用手比劃：「才一毛八一個，多便宜」，大家看有幾十個罐子，問他幹什麼用。

他一搔頭皮，說：「這倒沒想。」

眾人哄笑說：「再便宜，沒用也是白買。」

他正色說：「不對，這麼便宜，如果我不買別人就買走了。這不是便宜了別人！」

這樣的心理很多人都有。當他享受某種樂趣時，想到別人也在享用，就立刻黯然。怕便宜別人，就是怕自己吃虧。不妨放開心胸，給別人點甜頭，對自己的將來是有好處的。

漢朝開國名將韓信是「好漢要吃眼前虧」的最佳典型，鄉裡惡少要他爬過他們的胯下，不爬就要揍他，韓信二話不說，爬了！如果不爬呢？恐怕一頓拳打腳踢，韓信不死也只剩半條命，哪來日後的統領雄兵，叱吒風雲？他吃眼前虧，為的就是保住有用之軀——留得青山在，不怕沒柴燒啊！

很多人在剛剛找到一份工作時，就對自己抱有過高的期望，希望自己得到重用，希望別人都尊敬自己，希望薪水可以拿得很高。焉知這一切得來不易，需要付出一定的努力和代價？

首先，不要太期望你的同事一開始就對你笑臉相迎，幫你做這做那，要知道，你是新來者，不管你的學歷有多高，人有多聰明，然而這份工作對你來說都是陌生的，你先來的同事就是你的老師。你要禮貌地對待他們，多用一些禮貌用語，包括所有的同事，你不能小看那些看上去職位不高，好像對你沒有幫助的同事，儘量幫他們多做一些事情，多向他們請教問題，儘管他們對你的態度有可能不好，但你要認識到這只是暫時的。你的熱情正直和你的不平凡的業績最終會為你贏得別人的尊重和信任。

其次，儘管你被安插在一個很不起眼的職位上，你的薪水很少，你做的工作很繁瑣很粗糙，你覺得自己做這些工作活簡直是大材小用，你也要堅持做下去，並把它們都做好。

如何讓老闆對你的工作能力產生信心呢？據有經驗的「過來人」介紹說：「這完全體現在剛開始工作的那些所謂的雜活裡。雖然不是很起眼或者很重要的工作，但仍然努力完成工作，這其實就是在給你自己加分。」

如此看來，老闆一開始安排的工作的確是「小兒科」，但作為新手吃這點虧，也是將來「享福」的基礎。

此外，對於工作中由於爭端而吃的虧，應堅持吃虧就是佔便宜的原則。

每個人在工作中都會有不順心的時候，在這個時候你要儘量選擇忍讓，不惹事端，多考慮同事的感受，多感謝他們平時對自己的幫助，這有助於以後工作的開展。

因此，不管是在生活中還是在工作中，我們都要捨得吃「眼前虧」。眼前一時的吃虧是為了往後獲得更大的利益，可以說吃虧就是佔便宜。既然如此，何樂而不為呢？

謝謝您購買　做人不要太計較，晚上才會睡好覺　這本書！

即日起，詳細填寫本卡各欄，對折免貼郵票寄回，我們每月將抽出一百名回函讀者寄出精美禮物，並享有生日當月購書優惠！

想知道更多更即時的消息，歡迎加入"永續圖書粉絲團"

您也可以利用以下傳真或是掃描圖檔寄回本公司信箱，謝謝。

傳真電話：（02）8647-3660　信箱：yungjiuh@ms45.hinet.net

☺ 姓名：　☐男　☐女　☐單身　☐已婚

☺ 生日：　☐非會員　☐已是會員

☺ E-Mail：　電話：（　）

☺ 地址：

☺ 學歷：☐高中及以下　☐專科或大學　☐研究所以上　☐其他

☺ 職業：☐學生　☐資訊　☐製造　☐行銷　☐服務　☐金融
☐傳播　☐公教　☐軍警　☐自由　☐家管　☐其他

☺ 您購買此書的原因：☐書名　☐作者　☐內容　☐封面　☐其他

☺ 您購買此書地點：　金額：

☺ 建議改進：☐內容　☐封面　☐版面設計　☐其他

您的建議：